Geld stinkt zum Himmel

kritlit.de

Weniger Zunder mehr Zukunft

Impressum

Titel: Geld stinkt zum Himmel

Untertitel: Weniger Zunder, mehr Zukunft

Autor: Rob Kenius, Titelbild: Fritzi Ondra

© Rob Kenius 2021, alle Rechte vorbehalten

Lektorat: Dr. phil. Dipl.-Ing. Friederike Orendi

Verlag: R. Scheermann, Aachener Str. 1381,

50859 Köln, vrs@fotofon.com

Druck: epubli, ein Service

der neopubli GmbH, Berlin

ISBN

Printed in Germany

Prolog

Geld ist wie Gott, sogar mehr als ein Gott. Es ist wie viele Götter; denn es ist gegen alles eintauschbar, auch gegen Waffen. Geld ist ohne Moral und ohne Kontrolle. Geld schwappt um den Globus bei Tag und Nacht. Geld ist der Stoff für den Größenwahn. Und doch ist es Nichts.

Geld wird von Banken aus dem Nichts erschaffen und als Kredit vergeben an alle, die Schulden machen. Die Geldmenge wächst, doch die Schulden sind größer. Damit es weiter geht, muss mehr Geld her. Das System ist absurd, es ist verrückt, es stinkt zum Himmel.

Es gibt Wege und Ideen, die das Feuer löschen. Weniger Zunder mehr Zukunft. Wer die Erwärmung der Erde stoppen will, muss die Gier und die Macht des Geldes besiegen.

Inhalt

Zur Einleitung: Eine Spritze Demokratie

1.Teil
Geld oder Leben

1.1 Seite 13
Die Finanzielle Dimension
Was ist Geld und wenn ja, wie viel
Es werde Geld aus dem Nichts - Geld ist nur noch eine Zahl - Wer ist Gewinner bei einem Staatskredit? - Mach es wie die Milliardärinnen!

1.2 Seite 27
Schulden, Zinsen und Wahnsinn
Der Zwang zum endlosen Wachstum
Woher kommt das Geld für Zinsen? - Die automatische Finanzlücke - Die Schulden der westlichen Welt

1.3 Seite 36
Gegen den Strom des Geldes
Private Finanz- und Umweltpolitik
Verzicht ist Gewinn - Umwelt schonen oder Geld verdienen - Mit dem Fahrrad durch die Konsumwelt

1.4 Seite 46
Akteure ohne Plan
Nicht das Geld regieren lassen!

Der schwarze Felsen in der Geldflut - Die Welt der zwei Ebenen - Die Grenze der Geldvermehrung

1.5   Seite 60
Die Macht der Finanzwelt brechen
Eine Degressive Währung, das Geld der Demokratie
Steuern durch Steuern - Kein Zentralbankgeld - Rettung durch Konkurs - Das Wunder von Wörgl

1.6   Seite 74
Hartes Geld und harte Fakten
Wer Schulden macht, verschenkt die Macht
Bankenkontrolle - Machtmissbrauch und Disziplin - Weniger Geld, weniger Schulden, weniger Stress

2. Teil
Weniger Finanzherrschaft, mehr Demokratie

2.1   Seite 86
Steuern durch Steuern
Der Staat erbt mit!
Holt euch das Geld da, wo es ist! - Direkter Griff in den Pott - Steuern verändern die Gesellschaft

2.2   Seite 104
Macht, Geld und Ohnmacht
Demokratie am absoluten Nullpunkt
Ein unbeackertes Feld der Möglichkeiten

2.3 Seite 111
Demokratie im 21. Jahrhundert
Ein Bit pro Jahr gegen Millionen Megabytes
Mandate für Juristen - Europäische Uneinigkeit

2.4 Seite 124
Gestörte Bilder der Wirklichkeit
Ein Schritt vor und hinter die Sonne
Gedanken im luftleeren Raum - Die Kriminalistin in uns allen - Theorie der Verschwörungstheorie

2.5 Seite 136
Perspektivwechsel
Finanzberaterin der amtlichen Regierung
Wir wollen euer aller Bestes - Die marktkonforme Demokratie

2.6 Seite 151
Eine Gegendarstellung
Rettet die Erde durch Demokratie!
Das feudalistische Geldsystem - Ein privater Goldesel, den wir alle füttern

3. Teil
Praktisch progressive Programme

3.1 Seite 159
Das Forum Demokrit
Offene politische Bühne im Internet

Die Medienflut regnet nur von oben. - Chancen der digitalen Technik - Ein Netz ohne den Geruch von Geld - Was verbirgt sich hinter dem Zuckerberg?

3.2 Seite 174
Die Struktur für Meinungsbildung
Realisierung einer virtuellen Debatte
Demokratie im 21. Jahrhundert - Demokrit und democracy-app

3.3 Seite 186
Steuern an der Geldquelle
Das Finanzamt rettet den Mittelstand

3.4 Seite 194
Mehrwertsteuer gestaffelt
Für Gesundheit, Umwelt und viel Diskussion

3.5 Seite 204
Die Soziale Quellensteuer
Computer, Roboter und künstliche Intelligenz werden in das Sozialsystem integriert.

Schlusswort: Seite 222
Hört auf mit dem Wahnsinn!
Lockdown für Hass und Rüstung

Literatur Seite 227

Danksagung Seite 228

Zur Einleitung:
Eine Spritze Demokratie

Staatsschulden und obendrein Schulden der EU in einer Größenordnung, wie sie sonst nur durch Kriege zustande gekommen ist. Deutschland **1,3** Billionen, die EU **1,6** Billionen. Kann sich jemand diese Zahlen vorstellen? Eine Billion sind tausend Milliarden oder eine Million Millionen.

Die Zahl Billion, **1.000.000.000.000** in Ziffern, kann man zwar schreiben und aussprechen. Vorstellen kann man sie sich nicht. Das menschliche Gehirn ist zu klein für soviel Geld. Um leise vor sich hin bis zu einer Billion zu zählen, braucht man eine Million Jahre, jeden Tag acht Stunden 365 Tage im Jahr, ohne Wochenenden und Ferien.

Schulden bedeuten aber umgekehrt, dass jemand das Geld als Kredit an die Staaten gegeben hat und dass wir, die Bürger, es zurückzahlen müssen. Wo kommen diese unvorstellbaren Mengen an Geld her? Und für jeden Euro könnte man sich drei Brötchen, Äpfel oder Apfelsinen kaufen. Gibt es überhaupt überall genug zu Essen auf dieser Welt? Da stimmt etwas nicht.

Die Kurse an den Börsen schießen aber nach oben, so als sei das Herunterfahren der Wirtschaft ein Grund zum Feiern. Was ist da los? Wieso ist die Finanzwelt in Siegerlaune?

Die Investoren an der Börse und die Finanzwelt sind die Sieger. Mit einem Virus und Kontaktbeschränkungen hat es nur wenig zu tun, sie sind die Sieger wegen der Billionen an Schulden. Schulden der Staaten sind ein Gewinn für Banken und Finanzwelt. Das wird später noch sehr genau erklärt. Dieser Gewinn wird schon jetzt an der Börse verjubelt. Das Geld ist da, es fließt auf die Konten und wird so schnell wie möglich wieder eingesetzt. **Wer zuerst investiert, gewinnt am meisten.**

Aktien von Amazon, Alibaba, Tesla, Google und Facebook, nichts wie kaufen, kaufen, kaufen, Geld muss fließen. Geld schwappt um den Globus. Mit Lichtgeschwindigkeit durch Glasfaserkabel und Prozessoren von einem digitalen Speicherplatz zum nächsten. Das ist der Zustand unseres Finanzsystems in der Krise. Da ist etwas faul und es stinkt zum Himmel.

Um das mit dem Geld zu verstehen, müssen wir zwei Fakten zur Kenntnis nehmen. Erstens, Geld entsteht durch Schulden, am meisten durch Staatsschulden, und zweitens, die Geldmenge insgesamt ist viel zu groß, um damit nur reale Geschäfte in der Wirtschaft zu machen.

Wir fragen uns als normale Menschen, Bürger, Wähler und Nichtmilliardärinnen: Was ist unsere Position, außer Täter oder Opfer, Konsumenten und Zuschauerinnen zu sein? Auf dieses Frage gibt es Antworten:

Wir wollen aus der Schuldenfalle entkommen und wollen mit demokratischen Mitteln in den Kontrollraum des Systems. Wir brauchen einen Staat, der die Finanzwelt kontrolliert und wir brauchen Demokratie, um den Staat zu kontrollieren. Wir müssen uns auch fragen, ob es Möglichkeiten gibt, jetzt und sofort etwas zu ändern; denn wir sind Teil des Systems und können da, wo wir sind, auch eingreifen.

1. Teil
Geld oder Leben

1.1
Die Finanzielle Dimension
Was ist Geld und wenn ja, wie viel?

Die Finanzwelt beherrscht den Staat und die Regierungspolitik wird schon lange fast nur noch mit Geld und vielen Reden gemacht. Das Ergebnis ist: Wenn man, wie es im Jahre 2020 geschah, den Kontakt verbietet, dann muss der wirtschaftliche Schaden, der dadurch entsteht, mit Geld ausgeglichen werden. Mit sehr viel Geld, es sind hunderte Milliarden, die der Staat nicht hat.

Wo kommt das Geld her? Es kommt nicht aus den Reserven des Staatshaushalts, sondern aus der Finanzwelt. Die Regierung nimmt Schulden auf. Das geschieht im Namen der Bürger und im Namen der Kinder dieser Bürger und im Namen der Enkel. Wer jetzt 12 ist, beginnt mit 20 für die Schulden der EU zu zahlen und zahlt bis zum Alter von 50 Jahren.

Wo sind die Regierenden und die Kommissare der EU dann, wenn das Geld ab 2028 in dreißig Jahren zurückgezahlt werden soll? Wenn die Politikerinnen und Politiker nicht gestorben sind, beziehen sie eine stattliche, staatliche Rente, die ebenfalls von den Bürgern aufgebracht wird.

Die nächste Frage ist: Wo haben die Finanziers, die Banken und die Zentralbank das Geld her, das sie den Staaten und deren Regierungen, so mir nichts dir nichts, leihen? Sie haben es nicht gespart oder eingesammelt, sie haben es nicht einmal gedruckt. Sie schreiben es gut auf Konten und gleichzeitig verpflichten sich andere, es zurück zu zahlen.

Das meiste Geld entsteht bei diesem Vorgang erst, wenn es gutgeschrieben wird, man nennt es **Buchgeld**. Aber es ist real, es kann wie jedes andere Geld weitergereicht werden, von Konto zu Konto und auf jeden Markt. In der realen Wirtschaft kannst du damit kaufen und machen, was du willst. Buchgeld ist von anderem Geld nicht zu unterscheiden.

Die Bürger und deren Kinder und die Kinder dieser Kinder müssen die Schuld am Ende tilgen, das heißt abarbeiten oder etwas dafür hergeben.

Die Banken und die Zentralbank dagegen erschaffen Geld aus dem Nichts. Das klingt absurd, aber es ist Realität, die niemand mehr bestreitet. Banken generieren Geld und verleihen es an Kunden, die dafür auch Zinsen zahlen, meistens jedenfalls.

Es werde Geld aus dem Nichts

Das mit der giralen Geldschöpfung bei der Kreditvergabe ist nicht neu, es war unter der Hand wohl schon immer so; denn es merkt zunächst keiner. Du gehst zur Bank und sagst, ich will ein Haus bauen, mir fehlen noch 100.000 Euro. Man stellt dann ein paar Fragen:

>Sind Sie verheiratet?
>Haben Sie Sicherheiten?
>Haben Sie ein festes Einkommen?
>Haben Sie eine Lebensversicherung?

Die Bank ziert sich ein wenig und macht dann einen Finanzplan, wie die Schuld abgetragen werden soll. Je länger sich das hinaus zieht, um so besser für die Bank. Dann macht man eine Gutschrift auf dein Konto, bei dieser Bank. Und das war`s. Dieses Geld ist jetzt da, auf dem Konto, du kannst es verwenden, aber das Verrückte ist: **vorher war es nicht da!**

Man denkt normalerweise, die Bank verleiht Geld, das sie hat, oder das andere dort eingelegt haben, aber das ist nicht so. Das Ganze ist auch kein Betrug. Banken dürfen das Zehnfache bis Hundertfache ihres eigenen Vermögens an Krediten ausgeben, ohne dass dieses Geld irgendwie gedeckt ist. Das nennt man Giralgeldschöpfung.

Banken haben das Recht, auf diese Weise Geld zu erschaffen, aber es geschieht immer gleichzeitig mit einer Schuld in gleicher Höhe plus Zinsen und

Nebenkosten. Für den echten Wert dieses neu erschaffenen Geldes garantierst aber nur du, nicht die Bank; denn du musst es irgendwie zurückzahlen. Du haftest mit deinem Besitz und deinem Einkommen, deinem zukünftigen Einkommen und die Ehepartnerin oder der Ehepartner haften mit. Gesamtschuldnerisch nennt man das. Es ist juristisch voll abgesichert.

Giralgeldschöpfung ist ein verrücktes Privileg von Banken, sie dürfen Geld generieren und es als Kredit verleihen. Aber es kommt noch dicker.

Wenn der Staat Schulden macht, sind es gleich Milliarden oder hunderte Milliarden oder neuerdings mehr als eine Billion und der Staat leiht sich das Geld von Privatbanken und von privaten Geldgebern. Dieses Geld entsteht, wie alles neue Geld überwiegend aus dem Nichts und es gibt keinen Gegenwert mehr. Geld hat nur einen Wert, weil alle diesen Wert akzeptieren.

Manche Leute sind so geschickt, dass sie hunderte Millionen an Kredit aufnehmen, in eine Firma stecken, die nur wächst und wächst, obwohl sie keinen Gewinn abwirft, und dann geht man **mit Getöse an die Börse.** Die aktuellen Beispiele dafür sind Amazon, Facebook und Tesla und viele andere wollen es ihnen gleich tun.

Geld ist nur noch eine Zahl

Die normalen Bürger, die Geld verdienen und wieder ausgeben, glauben, ihr Geld hätte einen substantiellen Wert, weil sie dafür so vieles kaufen können. Doch Geld ist nur eine Zahl. Eine Zahl auf Münzen, auf Geldscheinen oder auf einem Konto.

Heute ist das meiste Geld, das existiert, nur noch eine Zahl auf einem digitalen Speicherplatz. Deshalb wird es so leicht übertragen wie jede andere Zahl in einem digitalen System. Von der Geldkarte in die Ladenkasse, von dort auf das Konto der Ladenkette und dann von Konto zu Konto in Bruchteilen von Sekunden.

Geld wandert als digitale Zahl um den Globus in Millisekunden **durch Glasfaserkabel mit Lichtgeschwindigkeit.** Das ist die Globalisierung.

Die schwarze Null ist auch eine Null

Derjenige aber, der etwas bezahlt, hat in dem Augenblick eine Schuld auf sich genommen und wenn nicht ein kleines Guthaben vorhanden war, dann muss man so lange etwas leisten oder bringen, also arbeiten oder etwas verkaufen, bis der Saldo wieder auf Null ist, oder etwas über Null, eine sogenannte schwarze Null. Weit darüber hinaus kommen nur wenige. Unsere Staaten am allerwenigsten.

Auf der Seite der Finanzwelt wird Geld einfach durch Gutschrift aus dem Nichts erzeugt. Und es wird gerne verliehen; denn dadurch entsteht es erst und wirft dann gleich etwas an Zinsen und Provisionen ab. Am liebsten verleiht eine Bank das neu erschaffene oder frische Geld an einen Staat; denn all seine Bürger sind damit verpflichtet, die entstandene Schuld zurück zu zahlen. Das ist der sicherste Kredit.

Wer ist Gewinner bei einem Staatskredit?

Die Finanzwelt ist die Gewinnerin. Sie macht nichts als eine Gutschrift und eine Schuldschrift und achtet genau darauf, dass die Schuld mit der Zeit zurückgezahlt wird.

Wer sind die Verlierer?

Die Bürgerinnen und Bürger, deren Regierung die Schulden aufgenommen hat, sind die Verlierer; denn die Bürger müssen mit ihren Steuern die Schuld zurückzahlen, viele Jahre lang.

Wer sind die Profiteure?

Es gibt bei diesem Geschäft mit dem Staatskredit nicht nur Gewinner und Verlierer, es gibt auch zwei Profiteure: Das sind die Banken und die Politiker.

Politiker und Banken sind Komplizen

Banken und Politiker stehen zwischen Finanzinstituten und Bürgern und sie sind gemeinsam die Profiteure. Die Regierung und die Banken stecken deshalb unter einer Decke. Es gibt automatisch und grundsätzlich eine Komplizenschaft zwischen ihnen und das spürt man. Ohne die regierenden Politiker und ohne Banken würde das große Geschäft mit der Staatsschuld nicht zustande kommen. Beide machen dabei ihren Profit, auf sehr unterschiedliche Weise:

Die Banker bekommen Zinsen, Zinseszinsen und Provisionen. Die regierenden Politiker dagegen können ihre Wünsche erfüllen, ihre Projekte realisieren, Versprechungen halten oder auch einem Teil ihrer Wähler, z.B. den Rentnern, Geschenke machen. Aber nicht allen Wählerinnen und Wählern können sie etwas geben, denn wir alle zusammen sind ja die Verlierer, wir müssen die Schuld als Gemeinschaft ja zurückzahlen **plus Zinsen, Zinseszinsen, Provisionen plus Gehältern und Pensionen für Politiker.**

Aus dieser Sachlage erklärt sich, warum Regierungen am liebsten alle Probleme mit Geld lösen. Es ist halt sehr einfach für sie. Und sie sagen: Seht mal, was wir geleistet haben, wir haben viele Milliarden für Straßenbau und ein paar

Milliarden für Bildung ausgegeben. Wir haben zig **Milliarden** an Gehältern gezahlt und hundert **Milliarden** in den sozialen Ausgleich gesteckt. Wir fördern Windenergie und Elektroautos.

Wie viel sie aber für Rüstung ausgegeben haben, verschweigen die meisten Politikerinnen schamhaft; denn sie wollen von uns wieder gewählt werden.

Und dann, wenn etwas Unvorhergesehenes passiert, muss die Regierung eben Schulden machen, anstatt sich wie jeder andere darum zu kümmern, dass man das Geld, das man ausgibt, auch vorher eingenommen hat. Das Geld für die Schulden müssen die Bürger unter der nächsten oder übernächsten Regierung dann zurück zahlen.

Die harte Tatsache, die nie erwähnt wird: **Schulden der Staaten sind ein verstecktes Geschenk an Banken und Finanzwelt**, weil dort das Geld einfach aus dem Nichts erschaffen wird.

Das Ganze klingt absurd und scheint fast zu verrückt, um wahr zu sein, aber nur, weil es hier so nackt und direkt dargestellt ist. In Wirklichkeit ist ja alles viel, viel komplizierter.

Wenn man aber die ganze Nebenhandlung, die langen Dialoge und Vereinbarungen der Nebendarsteller, Journalisten und Kommentatorinnen, das ganze Papier, die Verträge und das unlesbare

Kleingedruckte und die großartigen Kulissen, in denen das alles geschieht, wenn man das alles weglässt, bleibt die nackte Handlung übrig:

Staat leiht sich Geld von Leuten, die es einfach per Mausklick erschaffen und die Bürger müssen es über Steuern zurückzahlen. Sie schuften für Geld und damit für Leute, die dafür nichts geleistet haben, die Geld zum größten Teil bei der Kreditvergabe generieren.

Wer das bestreitet, wird durch die Realität widerlegt: Die großen Vermögen steigen seit 50 Jahren immer schneller. **Die Staaten versinken in Schulden.**

Und auch das ist immer noch nicht alles, dieses Finanzsystem wird jetzt bedrohlich:

Durch die Giralgeldschöpfung wird ja immer mehr Geld erzeugt. Die Geldmenge steigt ständig und zwar rasant und fast überall auf der Welt, am meisten aber in den USA. Dort befinden sich die größten Banken und an der Spitze die amerikanische Notenbank FED.

Die **FED** ist keine staatliche Bank, sondern sie gehört einem Konsortium von Privatbanken. Sie versorgt die anderen Banken und den Staat mit Geld und hat zuletzt in einem Jahr, von September 2019 bis Oktober 2020 mehr als 9.000.000.000.000 (neun Billionen) Dollar neues Geld erzeugt. (Ich berufe mich bei dieser Zahl auf Prof. Hans-Werner Sinn, in seiner Weihnachtsvorlesung 2020.)

Europa, du hast es nicht besser

Im Gegensatz zur FED, der Notenbank der USA, ist die Europäische Zentralbank EZB nicht in Privatbesitz, sie gehört den Ländern der Euro-Zone, also den Staaten, die den Euro als Währung haben. Die EZB ist aber unabhängig von den Regierungen, sie ist nicht weisungsgebunden und verfolgt ihre eigene Politik.

Die EZB darf zwar kein Geld direkt an Staaten verleihen, hat aber Billionen an staatlichen Verpflichtungen (Schuldbriefe) von Privatbanken aufgekauft, natürlich mit frischem Geld, und dabei ebenfalls viele Billionen an Geld erzeugt, zuletzt sogar mehr als die FED in den USA. Dadurch wurden Privatbanken und die verschuldeten Staaten entlastet. Das Risiko tragen alle Staaten des Euro, also deren Bürgerinnen und Bürger.

Die beiden Zentralbanken FED und EZB stehen mit Abstand an der Spitze der globalen Geldvermehrung.

Das Geld ist jetzt da und selbst, wenn die Zinsen gleich Null sind, macht die Finanzwelt dabei einen riesigen Gewinn: Ihre Verfügungsmasse, die Geldmenge, wird erhöht. Und Geld fließt bekanntlich immer nach oben, dahin, wo es sich am schnellsten vermehrt, wo Finanzgeschäfte gemacht werden, wo deshalb sowieso schon das meiste Geld kursiert.

Auch hier gibt es sehr komplizierte Nebenhandlungen und Nebenschauplätze und eine verwirrende Finanzsprache. Es ist wie in einem großen Fluss, dem Rhein, Ganges oder Amazonas, dessen Strömung in Kleinen mit seinen Wellen, Buchten und Strudeln völlig unüberschaubar und unberechenbar daher trudelt oder, wie der Rhein in der Schweiz, reißerisch über Klippen fließt. Doch am Ende steht fest: Jeder Fluss fließt ins Meer.

Beim Geld ist es genau umgekehrt, es fließt bergauf, die oberste Finanzschicht profitiert am meisten. Wenn eine Billion Dollars neu erzeugt wird, landen 600 oder 700 Milliarden schon nach kurzer Zeit auf den Konten der Superreichen.

Mach es wie die Milliardärinnen!

Weit weniger als die Hälfte des Geldes (etwa ein Drittel, Tendenz fallend) fließt noch durch die reale Wirtschaft. Die Wirtschaft mit Handel und Industrie ist mühevoll, schwerfällig und risikoreich. Geld lässt sich am besten nur mit Geld verdienen, schon gar nicht mit Handwerk, Landwirtschaft oder Krankenpflege. Spekulationen mit Aktien sind einfacher und einträglicher. Man verdient sein Geld per Mausklick.

Die Voraussetzung dafür ist aber ein Startgeld von 10 oder 100 Millionen, damit lässt sich an der Börse zocken. Man kauft Aktien. Wenn die gut gestreut sind, besteht kein Risiko, denn im Schnitt stiegt die Börse ständig. Warum? Weil die Geldmenge ständig steigt. Und was sollen die Großgeldbesitzer anderes machen, als an der Börse Aktien zu kaufen. Das ist schließlich das Einfachste.

Die Kreditaufnahme der Staaten und jetzt auch der EU, um den Lockdown zu refinanzieren, hat einen anhaltenden Boom auf den Aktienmärkten ausgelöst.

Die Aktien steigen, weil die Geldmenge steigt.

Sicherer als Aktienanlage sind Immobilien, aber der Erwerb von Grundbesitz ist mühevoll. Erst suchen und finden, bewerten, Vertrag machen, zum Notar, Grundbucheintrag. Es ist umständlich, dafür aber sicher. Verdammt sicher. Selbst, wenn das Finanz-System zusammenbricht, womit man immer rechnen muss, behalten Grundstücke ihren Wert, besonders Häuser, große Häuser, Häuser in denen viele Menschen leben, die Miete zahlen müssen, egal, was kommt.

Das Geld wird immer mehr, es drängt auf den Markt und die Geldbesitzer kaufen nicht nur Aktien und Häuser, sie kaufen uns alles weg, was einen dauerhaften Wert hat. Sie kaufen Krankenhäuser und Autobahnen, Straßenzüge und

Urwälder, in Afrika ganze Landstriche, Kobalt-Minen und private Armeen, Luxusyachten und Flughafenhotels, natürlich auch Gold und Kunst und Bitcoins.

Sie würden auch gerne die Antarktis und den Mond kaufen, Jeff Bezos hat den Mond schon im Auge oder war es Elon Musk oder Richard Branson? Doch weil sich damit bisher kein Gewinn machen lässt, sind diese Immobilien noch nicht privatisiert.

Zählen bis unendlich

Manchmal sind Dinge, die man im Kleinen nicht überschauen kann, in Großen ganz einfach zu verstehen. Wie uns das Bild mit der Strömung im Fluss gezeigt hat. Das gilt besonders beim Geld, wenn man es nicht in hundert und tausend zählt, sondern in Millionen, Milliarden und Billionen, dann ist es wie ein Spiel.

Geld ist eine Zahl und es hat die Eigenschaften von Zahlen. Dazu gehört, dass man einfach immer weiter zählen und so auch immer mehr in seinen Besitz bringen kann. Das kann man nicht mit Zigaretten oder Gummistiefeln. Zigaretten können tödlich sein, Gummistiefel machen nur einen Sinn, wenn man sie anzieht und durch den Schlamm stapft.

Weil Geld aber eine Zahl ist, kann die Geldmenge immer noch weiter bis ins Unendliche gesteigert werden. Sie steigt auch immer schneller. Die Geldmenge geht gegen Unendlich, weil die Geldvermehrung durch tausende Banken weltweit nicht gestoppt und nicht einmal kontrolliert wird.

Unendlich nennt man eine Menge, die der Mensch in seinem Kopf nicht erfassen kann. Das gilt auch schon für eine Milliarde. Niemand kann eine Milliarde zählen. Diese Zahlen sind Wahnsinn, aber Realität. Es gibt auch Milliarden Menschen. Um acht Milliarden Menschen auf dieser Erde mit allem zu versorgen, was die Bürger der reichen EU-Länder haben und verbrauchen, dazu brauchte man drei Planeten Erde.

Diese Welt ist zu klein
für die finanzielle Dimension.
Wusstet ihr das schon?

1.2
Schulden, Zinsen und Wahnsinn
Der Zwang zum endlosen Wachstum

Fünfhundert Jahre lang waren Kredit und Zinsen fest miteinander verkoppelt. Aber **die Zeit der positiven Zinsen ist vorbei**. Warum? Bei einer Geldmenge, die dreimal oder viermal größer ist als alle Werte, welche die Wirtschaft in einem Jahr produziert, ist Geld in Überschuss vorhanden. Und deshalb kann es keine Zinsen mehr geben, weil jeder Zins von einem noch niedrigeren Zins unterboten wird. Die Zinsen landen bei null.

Trotzdem spielen Zinsen in der Wirtschaft noch eine große Rolle und es wird lange dauern, bis das vorbei ist und noch länger, bis Zinsen auch aus den Köpfen der Menschen verschwunden sind.

Noch vor 50 Jahren, träumten viele davon, eine Million zu machen und mit den Zinsen ein Leben lang auszukommen. Mit 5% von einer Million, also 50.000 DM pro Jahr, konnte man damals eine Familie gut versorgen und eine halbe Million hätte für ein bescheidenes Leben auch schon gereicht, notfalls in einem exotischen Land.

Es ist kein Zufall, dass Millionen Menschen im Lotto spielten, das anfangs als Hauptgewinn eine halbe Million DM versprach. Der Glaube an den sicheren Ertrag von Geld, allein, weil es Zinsen abwirft, ist tief verwurzelt. Er basiert auf einer langen Tradition, der Zinsertrag schien so sicher zu sein wie die Gültigkeit des Geldes.

Heute hat Geld keine materielle Basis mehr in Gold oder Silber. Es wird durch Vergabe von Krediten unbegrenzt in die Welt gesetzt; Geld ist quasi umsonst zu haben, man muss nur an die Quelle kommen. Zinswirtschaft ist aber noch überall gegenwärtig, nicht nur in den Köpfen, auch in der Realität.

Expansion durch Zinsdruck

Wer ein Geschäft hat, das floriert, der soll sich vergrößern, heißt es. Das ist Wirtschaftswachstum und wird als selbstverständlich erstrebenswert angesehen. Sie oder er geht zur Bank und holt sich einen Kredit. Dann wird expandiert, eine neue Maschine, ein weiteres Gebäude, eine ganze Fabrik, eine Filiale, mehr Umsatz, Export, eine Zweigniederlassung im Ausland.

Im Zentrum dieser Ökonomie steht der Gedanke, ein Geschäft mit einem Kredit anzufangen, Zinsen zu zahlen und trotzdem Gewinn zu machen. Der Bruttogewinn muss dann höher sein als die Zinsen, die gezahlt werden.

Der Staat unterstützt dieses Geschäft, das von den Banken ausgeht, indem die Zinsen von der Steuer absetzbar sind. Der Staat unterstützt damit das Bankgeschäft. **Warum?**

Ein Ergebnis dieser Kredit-Wirtschaft ist, dass jedes Produkt, das wir kaufen, einen hohen Anteil an Zinsen enthält, vor allen Dingen dann, wenn fast alle Unternehmen mit Krediten wirtschaften. Dann enthält das Material, das der eine zur Herstellung von Automobilen benötigt, auch Zinsen, die der andere zahlt, um seine Fabrik zu finanzieren, welche die Plastikteile oder Reifen herstellt. Das Rohmaterial liefert ein Chemiewerk, das auch Kredite aufgenommen hat, und die Zinsen dieses Lieferanten stecken in seinen Preisen schon drin, sonst könnte diese Firma keinen Gewinn machen.

Der Zinsanteil wird immer weiter gereicht und summiert sich im Endpreis. Das ist ein Grund, warum die begehrten Autos so teuer sind. Die Überlegung zeigt uns, wie weit der Zins der Banken in die gesamte Wirtschaft eindringt. Wir zahlen Zinsen bei jedem Kauf und mit jeder Mietzahlung, auch bei Strom und Wasser. Wir zahlen Zinsen, auch wenn wir nie einen Kredit aufgenommen haben.

Woher kommt das Geld für Zinsen?

Jetzt aufgepasst! Das Folgende ist etwas schwierig. Bei dieser Kreditwirtschaft muss die Geldmenge immer weiter wachsen, weil die Schulden plus Zinsen nur zurück gezahlt werden können, wenn mehr Geld da ist, als die

Kreditnehmer aufgenommen haben. Man kann das mit einem einfachen Gedankenmodell deutlich machen.

Sagen wir, das Geldsystem bestehe aus zwei Personen, die arme Angela A und der reiche Baron B. **In dem System gebe es 1.000 Taler.** A hat nichts und B hat alle 1.000 Taler.

A geht zu B und will sich **100 Taler leihen** und B verlangt 5% Zinsen. Ansonsten geschehe nichts. Nach einem Jahr soll A die 100 Taler plus 5% Zinsen, also 105 Taler zurückzahlen. Frage: Woher soll Angela die 5 Taler Zinsen nehmen, wenn der Baron die 900 noch hat, sie selber hat 100 und es gibt nur 1000 Taler? **Da fehlt Geld.**

Diese einfache Überlegung zeigt, dass bei einer Kreditwirtschaft mit Zinsen, die Geldmenge im System immer steigen muss. Und die Menge aller Schulden wird mit der Zeit immer größer sein als die Geldmenge; denn Geld und Schulden werden in gleicher Höhe erzeugt.

Die Zinsen und Zinseszinsen kommen auf der Seite der Schulden noch oben drauf.

Wenn das über viele Jahre so läuft, und **es läuft bereits 500 Jahre so**, dann können die Schulden insgesamt nicht mehr zurückgezahlt werden. Jeder einzelne Kreditnehmer kann seine Schulden bezahlen, wenn er sich anstrengt, alle zusammen aber nicht, weil dafür nicht genug Geld vorhanden ist.

Die automatische Finanzlücke

Es entsteht eine Finanzierungslücke, sie ist durch die Zinsforderungen bereits entstanden. Die Wirtschaft versucht, diese Lücke zu schließen, indem sie etwas Wertvolles aus der materiellen Welt entnimmt und hinzufügt, und zwar alles, was man kriegen kann: Bodenschätze, Agrarerträge, Schlachttiere und jede Menge Energie, welche Energie und woher, ist egal, sehr viel Energie. **Energie muss her zum Geldverdienen.**

Die Ausbeutung aller Ressourcen des Planeten, also der Energiereserven, Bodenschätze, Pflanzen, Tiere und Menschen ist ein Ergebnis der Zinswirtschaft und der Methode, die Wirtschaft durch Kreditaufnahme in Gang zu bringen oder anzukurbeln.

Das ist aber **kein Naturgesetz**, sondern eine Spielregel, die Menschen erfunden haben und auch wieder abschaffen können. Sie müssen dann darauf verzichten, sich und anderen Geld aus dem Nichts als Kredit auf die Zukunft zu beschaffen.

Die Zukunft wird rücksichtslos verkauft.

Die Kinder auf den Straßen haben recht, wenn sie rappen:

Wir sind hier, wir sind laut, weil ihr uns die Zukunft klaut. Dieser Spruch stimmt zu 100%. Vor dieser Erkenntnis flüchtet sich die Finanzwelt, indem sie immer mehr Geld in Verkehr bringt, um das System nicht abstürzen zu lassen. Es soll keiner merken, dass die Zukunft bereits verkauft ist.

Die Gelderzeugung geschieht über Kreditvergabe. Um die Kreditaufnahme anzuregen, ohne die es nicht geht, sind die Zinsen bis null gesenkt worden. So wird immer mehr Geld in das System gepumpt, um die unbezahlbaren Schulden durch Wirtschaftswachstum zu überwinden. Das ist aber unmöglich, weil das neue Geld durch neue Schulden entsteht und die Schuldenmenge im gleichen Maße weiter wächst und am Ende wird das Geldsystem immer mehr aufgebläht.

Die Sache dreht sich im Kreis. Der ursprüngliche Motor für diese aufwärts gerichtete Spirale ist die Zinswirtschaft, das Ergebnis ist der Zwang zum unendlichen Wachstum.

Der Wachstumskreislauf

Wachstum der Wirtschaft bedeutet, dass, pauschal betrachtet, alles wächst, was mit der Wirtschaft real zu tun hat: Nicht nur Gewinn, Wohlstand und Bequemlichkeit, sondern auch Müll und Abfall, Verbrauch von Ressourcen, Energie,

Verbrennung von Kohle Erdöl und Gas, CO2-Ausstoß, Luftverschmutzung, Klimaerwärmung, Abschmelzen der Gletscher, Anstieg des Meeresspiegels, Ausdehnung der Agrarflächen, Vernichtung des Regenwalds, Einsatz von Pestiziden, Artensterben, Überangebot an Lebensmitteln und Tierfutter, Massentierhaltung, Überernährung, Infarktrisiko.

Das einzige Ding aber, das beliebig wachsen kann und wächst, ist Geld. Es wächst die Geldmenge. Geld ist eben nur eine Zahl und Zahlen gehen mühelos gegen unendlich. Man kann sie immer weiter zählen und auch multiplizieren. Indem man hinten eine Null dranhängt, bedeutet es gleich zehnmal so viel. Das kann jedes Kind.

Als ich ein Kind war, redeten die Leute respektvoll von einer Million. Am Radio redete man von Millionen, wenn es um Politik ging. Später redete man dann von Milliarden im Bundeshaushalt. Eine Milliarde sind tausend Millionen. Ab da wird es schwierig für die Normalverdiener.

Aber die Milliardärinnen und Milliardäre, die kennt man vom Hörensagen: Soros, Billy Gates, Klatten, Quandt, Otto, Albrecht, Schwarz... und nicht vergessen, das niederländische Königshaus, es wird selten genannt, ist aber wohl die reichste Familie Europas.

Die Menge Geld, die Milliardäre besitzen, ist unvorstellbar, doch seit ungefähr 2020 ist die magische Zahl, wenn es um Geld geht, schon die Billion. Das sind tausend Milliarden. Jeff Bezos soll sie geknackt haben und Elon Musk. Die erste deutsche Frau, welche die Billion in aller Öffentlichkeit geknackt hat, ist **Ursula von der Leyen**. Sie brachte 1.6 Billionen Euros ins Spiel. Wahnsinn!

Wir sehen, wie die Geldmenge, die irgendwie und irgendwo wirklich vorhanden ist, schnell gegen Unendlich geht. Unendlich aber, ist keine Zahl, sagen die Mathematiklehrer, sondern ein Wort für etwas, das man mit dem menschlichen Gehirn nicht mehr erfassen kann. Wenn die Geldmenge gegen unendlich geht, verlässt das Geld den Boden der Realität. Auch die Menschen, die mit solchen Geldmengen operieren, haben den Boden der Realität verlassen.

Geld ist heute noch zu etwa einem Drittel real verwertbar und zu zwei Dritteln ist es nur dazu geeignet, in der Finanzwelt mehr Geld zu verdienen, damit eine Zahl, die als Geld gilt, auf einem digitalen Speicherplatz (Konto) anwächst. Und einige Akteure, das sind die Banken, sind befugt, diese Zahl, die Geld bedeutet, aus dem Nichts heraus immer weiter zu vergrößern, wobei gleichzeitig die Geldmenge und die Menge der Schulden permanent zunehmen.

Wer beim Lesen den letzten Abschnitt nicht gleich versteht, liegt richtig. Es ist zu absurd. Man sollte sich trotzdem das Absurde vor Augen führen und sich einprägen. Geld ist für die meisten Menschen der höchste oder entscheidende Wert, obwohl es viel zu viel davon gibt und die Menge des Geldes ständig unkontrolliert steigt.

Ist das noch rational vertretbar?
Ist es verrückt?
Ist es eine Ideologie oder Religion?

Diejenigen, die drin stecken in der Geld-Spirale und das alles für richtig halten, kommen nicht raus. Und auch diejenigen, die das Geld nicht vergöttern, sondern durchschauen, sind auf den Gebrauch von Geld angewiesen, weil die Gesellschaft es kaum erlaubt, ohne Geld zu leben. Es ist wie eine Staatsreligion, der man folgen muss, auch, wenn man nicht daran glaubt.

Alles, was die Zinswirtschaft an Folgen und Zwängen auslöst, hört auch dann nicht automatisch auf, wenn die Zinsen bei Null landen. Man kann an dieser Stelle aber schon einen Hoffnungsschimmer erkennen, nämlich, dass Geld mit negativen Zinsen die Sache vielleicht zum Stillstand bringt. Alle, die fordern, dass dies nicht geschehend darf, liegen falsch, weil es so, wie es ist, nicht weitergehen kann.

1.3
Gegen den Strom des Geldes
Private Finanz- und Umweltpolitik

Wir sind der Macht des Geldes und seinen absurden Spielregeln ausgeliefert, aber nicht völlig. Gerade weil Geld keinen materiellen Wert wie Gold oder Silber mehr hat, ist sein Wert darauf angewiesen, dass wir als Teilnehmer am Geldkreislauf den Wert des Geldes hoch einschätzen. Genau da ist der Ansatzpunkt, uns dem Wahnsinn des Systems ein wenig zu entziehen. Jeder kann persönlich für sich eine andere Bewertung aufstellen und sich der Macht des Geldes ein Stück weit entziehen.

Verzicht ist Gewinn

Wer sich vom Geld als Maßstab für Qualität distanziert hat und gesund ernähren will, kommt schnell zu der Erkenntnis, dass die meisten Lebensmittel auf dem Markt in Flaschen, Dosen und Plastik so angeboten werden, dass damit möglichst viel Geld verdient wird. Es geht auf dem Lebensmittelmarkt wie auf dem Getränkemarkt darum, möglichst viel zu verkaufen und möglichst viel Geld zu verdienen und nicht um gesunde Kundschaft.

Das gilt besonders für industrielle Nahrungsmittel, die seit vielen Jahren optimiert wurden und die man mit Reklame und mit raffinierter Verpackung anbietet. Ein typisches Beispiel sind Getränke, Säfte und Süßigkeiten. Einzelheiten sind hier nicht das Thema.

Das Angebot in einem normalen Supermarkt ist so überschwänglich, dass es, um gesund zu leben, an erster Stelle darauf ankommt, was wir nicht kaufen, was wir nicht essen und was wir an Getränken im Regal stehen lassen. **Der Überfluss im Angebot ist das Problem,** gesundes Leben ist das Ziel, Einschränkung ist die beste Lösung. Schon ein kleiner Einkaufzettel, an den wir uns strikt halten, hilft uns, durch die Warenflut zu rudern, ohne unter zu gehen und mit vollem Einkaufwagen an der Kasse zu stranden.

Je komplizierter das Produkt ist, je länger die Liste seiner Inhaltsstoffe und je verlockender die bunte Verpackung, desto unwahrscheinlicher ist es, dass es sich beim Inhalt um ein gesundes und notwendiges Produkt handelt.

Kauft nicht Verpackungen, kauft Gemüse, Obst und erkennbare Nahrungsmittel!

Diese Regel gilt auch für **Bio-Produkte**, bei denen die Verpackung meist etwas dezenter ist, nach dem Geschmack eines gehobenen Publikums. Die Zeiten des engagierten Bio-Ladens sind schon lange vorbei. Gezielt werden die Kunden, die sich Bio leisten können, zum Konsum bewegt.

Man gehe in einen Bio-Supermarkt und schaue sich das Regal mit Knabber-Artikeln oder die Weinabteilung an. Das Angebot zeigt, dass viele Kunden dort einfach gehobenen Konsum betreiben. Den Anbietern geht es ums Geld, viel Umsatz und um Gewinn und nicht um gesundes Leben der Kundinnen und ihrer Kinder.

Wir müssen in der Konsumwelt überall gegensteuern und zwar gegen die Verlockungen des Konsumierens an sich, auch dann, wenn genug Geld vorhanden ist; denn Überbewertung des schnellen Geldes ist die Ursache für das überflüssige Angebot. Wenn wir diese Wertung nicht teilen und nicht bestätigen, müssen wir beim Einkauf alles meiden, was zu offensichtlich **mit Geld und Reklame kontaminiert** ist oder durch Überangebot unseren Verdacht erregt.

Eine etwas schrille Politikerin der grünen Partei hat einmal vorgeschlagen, pro Woche einen Veggi-Day einzuführen. So etwas wie der Freitag der katholischen Kirche, an dem kein Fleisch gegessen werden soll. Das hat einen Sturm der Häme ausgelöst. Naiv war der Vorschlag, überheblich die Reaktion.

Es wäre vernünftiger gewesen, einen Tag pro Woche als **Schweinetag** vorzuschlagen, an dem diejenigen, die es für nötig halten, ein deftiges Stück Fleisch essen.

Fleischkonsum in der hier üblichen Menge ist ein Vergehen an der eigenen Gesundheit, nebst Sozialkassen, an der Tierwelt und an der Pflanzenwelt, die für Tierfutter vergeudet wird, beispielsweise in Brasilien und Indonesien. Auch hierbei sind Einzelheiten nicht das Thema. Es geht darum, dass wir als Käufer (nicht Konsumenten) die Gesetze des Marktes durch unsere eigenen Wertungen mitbestimmen, und zwar gezielt gegen die Ideologie des maximalen Geldverdienens.

Umwelt schonen oder Geld verdienen

Die Medien machen Politikerinnen, Moderatoren und Schauspielerinnen groß und immer größer und die Bürgerinnen ziemlich klein. Wir erfahren, wie auf internationalen Konferenzen der Stopp der Erderwärmung durch Menschenmacht beschlossen wird, und sehen, wie auf den Straßen die Blechlawine rollt mit einem ständig steigenden Anteil an überdimensionierten Motoren.

Die Fahrerinnen und Fahrer genießen ihre Macht über Geschwindigkeit und Beschleunigung. Der CO_2-Ausstoß beschleunigt den Klimawandel. Eine nahe liegende Lösung wäre die Elektri-fizierung.

Elektrifizierung ist nichts Neues, es gibt sie seit hundert Jahren in Form von Straßenbahnen und später bei elektrischen Zügen. Der Strom kommt durch einer feste Leitung. Dass dieser Strom meistens wieder in Kraftwerken durch Verbrennung erzeugt wird, zeigt uns deutlich:

Energie ist das Problem, nicht die Art der Umwandlung von Energie in Bewegung, also nicht die Alternative Benzin, Diesel, Elektro. Der Vorteil von Schienenfahrzeugen ist in erster Linie der, dass mit einer bestimmten Menge an Energie viel mehr Personen und Waren transportiert werden.

Die Menschen aber wollen den Individualverkehr, wo meistens nur eine einzelne Person mobil wird, also im Automobil. Wegen der Schwierigkeit mit der mobilen Stromversorgung sind Elektro-Autos nicht vor hundert Jahren, sondern erst kürzlich in Fahrt gekommen.

Die Entwicklung ist aber ein krasses Beispiel dafür, wie das Streben nach immer mehr Geld einen anfänglich guten Gedanken pervertiert.

Wenn wir elektrischen Strom mit Solaranlagen und Windkraft gewinnen, ihn in Batterien oder Akkumulatoren speichern, dann können wir damit Elektrofahrzeuge betreiben. Wir schonen die Umwelt und das Klima, weil keine zusätzliche Energie und kein CO_2 freigesetzt werden.

Starke Batterien sind aber schwer und teuer, sie bestehen aus problematischen Chemikalien und ihre Kapazität ist begrenzt. Es wäre naheliegend, Elektromobilität einzelner Personen durch kleine, leichte Flitzer mit kurzer Reichweite zu realisieren, bei denen Akkus in einem Standard-Format durch Wind und Sonne aufgeladen werden.

Die reale Entwicklung ist aber völlig anders gelaufen, weil sie sich nach den Gesetzen des Geldes gerichtet hat. Das größte Ding auf dem Gebiet Elektromobilität ist Tesla, aber auch nicht das Auto, das überall auf Straßen fahren würde, sondern **die Tesla-Aktie**.

Tesla ist 2021 auf dem Aktienmarkt die wertvollste Automobilfirma der Welt. Der Marktwert der Tesla-Aktien übertrifft den aller großen deutschen Automobilfirmen zusammengerechnet.

Tesla beschleunigt wie ein Porsche, ist so schwer wie ein Pick Up und teuer wie ein Mercedes. Er kann so weit fahren wie ein Kleintransporter. Der Gewinner bei dieser Entwicklung ist nicht die Umwelt, sondern Elon Musk, der Firmengründer, dessen Aktienpaket ihn zum reichsten Mann der Welt werden ließ. Sein Ziel ist jetzt, zum Mond oder Mars zu fliegen.

Das ist Individualverkehr wie er individueller nicht sein kann. **So wird Geld verbrannt, zum Schaden der Umwelt.**

Mit dem Fahrrad durch die Konsumwelt

Wer sich klimaschonend bewegen will sollte das Elektroauto vergessen und zum Fahrrad greifen. Es ist außerdem gesund, sich an der freien Luft zu bewegen und sich dabei ein wenig anzustrengen. Es stärkt die Abwehrkräfte und verbessert die oberen Luftwege. Besser als Radeln nur in der Freizeit ist der gezielte Einsatz des Fahrrads als Transportmittel. In die Schule, zum Dienst, zur täglichen Arbeit oder zum Einkaufen.

Wer **mit dem Fahrrad zum Einkaufen** fährt, erzielt noch einen beachtlichen Nebeneffekt: Die Transportmöglichkeiten sind strikt begrenzt. Eine Kiste Bier ist nicht drin und auch nicht das Vogesen-Wasser in der bequemen Plastikflasche im Sechserpack. Man muss als Fahrradfahrerin den Getränkekonsum kritisch überdenken. Lebensmitteleinkauf mit dem Fahrrad ist wie eine Diät ohne Beraterinnen-Literatur. **Ein Aktionsprinzip, so flexibel wie das menschliche Gehirn.**

Auch hier lauert die Versuchung, durch Einsatz von mehr Geld die Beschränkung wieder aufzuheben: Das **Lastenfahrrad**. Sportliche Junglehrer leisten sich so ein Gerät für mehrere tausend Euro und können dann Säfte und Quellwasser in beliebigen Mengen heim fahren.

Der Weg zum Grillfest mit Holzkohle, Wurstpaketen und Bierkisten ist frei gestrampelt, es kommt nur noch auf die Weltanschauung an.

Betreutes Wohnen bei weniger Aufwand

Wer der Finanzmacht entkommen will, kann viel von denen lernen, die kein Geld oder zu wenig Geld besitzen. Man lernt sich zu beschränken und Dinge einzusparen.

Da war einmal ein Mann in Schweden, der hatte die Idee, den Leuten anstatt fertiger Möbeln nur Bretter und merkwürdige Schlüssel und bebilderte Packzetteln zu verkaufen und seine Kundinnen oder deren Ehemänner die Regale und die einfachen Kommoden selber zusammenbauen zu lassen.

Die Kunden sparten ein wenig Geld und packten die Dinge in ihren Kofferraum. Die Firma sparte an Transportvolumen und am Lagerraum, die Angestellten waren glücklich und wurden sehr freundlich, weil sie keine Möbel mehr packen und die Treppen hinauf tragen mussten.

Die Knauserei namens Ikea endete nach den Gesetzen des Geldes aber so, dass der sparsame Herr in die Schweiz auswanderte und alle Läden 3% ihrer Einnahmen an der Steuer vorbei nach Holland überweisen mussten.

Unter dem Vorwand das sei eine Lizenz, gezahlt an die eigene Firma, nur um ein Teil dieser Firma zu sein.

Aus der Idee, etwas einzusparen, wurde eins der größten Privatvermögen Europas, das teilweise in den Niederlanden festliegt. Die Erben können sich darum streiten. Die Steuerfreiheit auf Lizenzen gilt nur, so lange das Geld in den Niederlanden bleibt.

Die Idee, beim Möblieren der Wohnung oder des Hauses etwas einzusparen, ist aber trotzdem noch gültig. Wir sollten sie radikal umsetzen.

Dabei wollen wir nicht Geld, sondern Material, Platz und Energie einsparen. Wir gehen nicht zu Ikea oder ins Internet, sondern nehmen einen Zollstock in die Hand. Ein Regal ist leicht zu bauen, das soll hier nicht erläutert werden, es gibt Bauanleitungen im Netz in jeder beliebigen Form und Sprache.

Entscheidend ist die genaue Planung über eine ganze Wand vom Boden bis zur Decke und die Regal-Tiefe, so tief wie möglich, so dass wir maximalen Stauraum gewinnen. Manchmal kann man so ein Maßregal auch in einen Flur oder in eine Diele bauen (und nur durch Demontage wieder entfernen).

Der Gewinn ist nicht gespartes Geld, sondern gewonnener Platz. Da kann man auch Dinge aufbewahren, die man sonst wegwerfen würde.

Ein Raum außerhalb der Konsumwelt.

Im privaten Bereich Energie zu sparen ist wegen der Umwelt viel wichtiger als Geld sparen.

Lasst euch durch all die Vorrechner, die am Sparen etwas verdienen wollen, nicht davon ablenken, gezielt Energie zu reduzieren, auch und gerade im Wohnbereich. Es beginnt damit, Kühlschrank und Gefrierschrank an eine kühle Stelle zu platzieren.

Lebendiges Wohnen beginnt auch damit, sich frei und viel in der Wohnung zu bewegen. Gesunde Atmung beginnt damit, nicht in allen Räumen die gleiche Luft zu atmen, sondern mal warm, mal kühl, mal kalt. Gesundes Essen beginnt damit, selber einzukaufen und zu kochen.

Wir haben Raum und Energie gespart, es fehlt noch ein Rat, wie man Zeit einsparen kann, denn **Zeit ist Leben** und man sollte sie am allerwenigsten vergeuden oder unnötig verkaufen, sondern sie zum Kochen, Regalbau, Reparieren und Nachdenken nutzen. Das einfachste, um Zeit zu gewinnen, ist, den Fernsehapparat nicht einzuschalten.

Es ist so leicht, je nach Gewohnheit, zwei bis vier Stunden am Tag zu gewinnen. Das sind schnell mal 1.100 Stunden im Jahr. Mit dem derzeitigen Mindestlohn multipliziert, sind das mehr als 10.000 Euro, die einem die Öffentlich Rechtlichen Anstalten und die privaten Anbieter schenken, wenn man sie ignoriert.

1.4
Akteure ohne Plan
Nicht das Geld regieren lassen!

Der Wachstumsdruck auf die Konsumwelt und die überdimensionierte Geldmenge sind nicht das einzige Problem der Finanzwirtschaft. Genau so bedeutend und gefährlich ist die personelle Besetzung.

Die Finanzwelt ist kein leicht überschaubares System. Es ist zum Beispiel nicht ganz klar, wie viel Geld sich im System befindet, und es ist nicht geregelt, wer mitspielt und wer was genau tun darf. Es gibt keine effektive Kontrolle über die Regeln, über die Teilnehmer und über die Geldmenge, es gibt nicht einmal Selbstkontrolle.

Wer glaubt, irgendwo sei eine verschworene Gruppe, die alles unter Kontrolle hat, liegt falsch.

Es ist eher **ein Kampf aller gegen alle**. Die Munition ist das Geld und die Waffen sind Transaktionen und eine Vielzahl von Bank-Produkten. Manche sind wie versteckte Minen. Warren Buffet, einer der reichsten Männer der Welt, spricht sogar von Massenvernichtungswaffen. Er meint damit Derivate. Die haben zwar nicht die Sprengkraft von Atombomben, aber das Vernichtungspotential haben sie, zum Glück nur auf dem Finanzmarkt.

Die Geldmenge kann durch eine unüberschaubare Zahl von Banken immer weiter vermehrt werden. Dadurch ist sie nicht unter Kontrolle zu halten. Noch gravierender ist, dass die Finanz-Akteure, also diejenigen, die mit hunderten Millionen und Milliarden operieren, ein ziemlich wilder Haufen von Bänkern, Investoren, Fonds-Managern, reichen Erben, Beamten, Glücksrittern, Oligarchen, Monarchen, saudischen Prinzen und Verbrechern sind.

Sie alle sind nur dadurch ausgezeichnet, dass sie Zugriff auf riesige Geldsummen haben, und ihr Verhalten ist **unberechenbar**.

Eine Firma wie **Black Rock**, von vielen gehasst wie der Teufel, ist da wie ein Fels in der Brandung, wenigstens verspricht sie, das zu sein. Vielleicht hat Larry Fink, der oberste Manager, mit dem Namen Black Rock sagen wollen: Wir sind undurchschaubar schwarz, auch für Schwarzgeld, aber ein Fels, an dem man sich im chaotischen Geschehen festhalten kann. Das ist ein Reklame-Versprechen. Das System ist ohne Halt, es wankt und trudelt und kann jederzeit kippen.

Der schwarze Felsen in der Geldflut

Black Rock betreibt eine der größten privaten Rechenanlagen der Welt und investiert in alle relevanten Aktien an allen Börsen. Dadurch erhält man im Sekundentakt alle wichtigen Daten, die aus den Bewegungen der Börsen und aus den

Informationen der Gesellschaften an die Aktionäre hervorgehen. Diese Daten werden verglichen und ständig statistisch ausgewertet. So kann man in jeder Sekunde Käufe und Verkäufe tausender Aktien beobachten, man kann die eigenen Verkäufe und Käufe nach diesen Erkenntnissen in jedem Augenblick steuern und deren Auswirkung dann wieder einbeziehen.

Die schnelle digitale Auswertung ermöglicht auch den Hochfrequenz-Handel. Wenn beim Vergleich der Kurse an verschiedenen Börsen, gekoppelt mit Devisenkursen, kleine Differenzen auffallen, kann man diese durch sehr schnelles Kaufen und Verkaufen für sich ausnutzen. Das bedeutet, globale Transaktionen werden in Millisekunden hin und her getätigt.

Wer das meiste Geld, die größte Rechenkapazität und die schnellsten Informationswege zur Verfügung hat, gewinnt in diesem Spiel am meisten. Der **Hochfrequenz-Handel** ist nur eine Variante moderner Finanztransaktionen und nicht gerade die intelligenteste. Hochfrequenz-Handel wird weitgehend von Computerprogrammen übernommen.

Die Position einer Firma wie Black Rock erlaubt es außerdem, mit Computer-Analyse Börsen-Trends zu erkennen, ähnlich, wie man mit Computer-Simulationen das Wetter ein paar Stunden oder Tage vorhersagen kann. Die erkennbaren Trends beruhen teils auf Psychologie der vielen unabhängigen Akteure. Sie handeln instinktiv und emotional.

Die meisten, die an der Börse zocken, richten sich nach dem, was andere machen, also nach einem Trend, den sie selber zu erkennen glauben. So entstehen die typischen Zickzack-Bewegungen der Kurse. Wer schneller und genauer informiert ist, und wer Tag und Nacht am Schirm bleibt, der gewinnt.

Viel Geld im Wirbelsturm

Leicht ist zu erkennen, dass dieses Geschäft nur funktioniert und einigermaßen sicheren Gewinn abwirft, wenn man sehr große Mengen Geld und die nötige Ausrüstung zur Verfügung hat. Da ist auch mit zehn Millionen noch nicht viel zu machen. Wer ein paar Millionen zu viel hat, investiert sie bei Black Rock und Konsorten.

Larry Fink und seinesgleichen operieren mit Billionen. Ihr Portfolio an Aktien und Anlagen ist weltweit gestreut. Und weil die Geldmenge ständig steigt und großenteils auf dem Finanzmarkt landet, ist im statistischen Mittel der Gewinn bei weltweiter Streuung und ständiger Beobachtung der Kurse so gut wie sicher. Die Gewinne in der Finanzwirtschaft steigen parallel zur Geldmenge.

Um Hass-Tiraden gegen einen bestimmten US-Fonds zu begrenzen, sei gesagt, dass auch die deutsche Allianz in München in einem großen Teil ihres Geschäfts nichts anderes macht wie Black Rock: man ist Großinvestor. Besonders pikant war der **Versuch der Allianz**, von der **CSU** politisch unterstützt, deutsche Autobahnen mit einem Maut-System für PKW auszustatten und so einen Teil dieser Struktur, die dem Staat gehört, zu privatisieren, also zu kaufen. Das Projekt ging daneben, aber mit dem Versuch der Wiederholung ist zu rechnen.

Das Finanzsystem ist gefährlich auch für diejenigen, die nicht daran beteiligt sind. Das gilt nicht nur wegen seiner Übermacht im Geldsystem, sondern vor allem wegen seiner Instabilität. Schon die große, überschüssige Geldmenge macht das System instabil. Wer weiß, wohin das Geld geschoben wird, und ob es sich nicht über Nacht auf Bankkonten in Liechtenstein oder Panama zurückzieht?

Geld ist beweglicher als Wasser und beweglicher als jede andere Flüssigkeit oder Gas. Geld ist so beweglich wie digitale Daten in einem schnellen Prozessor, verbunden über Glasfaserkabel mit anderen Prozessoren und es wird gesteuert und verteilt durch einer Horde von unkontrollierbaren Akteuren.

Geld ist nicht nur flüssig, sondern superflüssig und obendrein expansiv (die Menge wächst). Das bedeutet, riesige Geldmengen schwappen um den

Globus bei Tag und bei Nacht, denn irgendwo ist immer Tag und die Börsen sind geöffnet.

Dass dieses System nicht stabil sein kann, liegt auf der Hand. Aber es wirft riesige Gewinne ab und deshalb sind die direkt Beteiligten trotz der großen Gefahr eines Zusammenbruchs nicht interessiert, es abzuschaffen. Sie glauben außerdem, dass, wenn das System zusammenbricht, nicht nur das Geld, das ihnen gehört, sie rettet, sondern dass unsere Regierungen die Großen in der Finanzwelt retten werden, wie das schon mehrfach geschehen ist, in Deutschland und im Euro-Raum: **Bankenrettung auf Kosten der Steuerzahler.**

Die Finanzakteure können Geld erzeugen, es in Umlauf bringen, damit wie in einem Casino spielen und ständig steigende Gewinne erzielen. Und das ist kein Nullsummenspiel wie Roulette. Das Finanz-Roulette ist besser; denn die Geldmenge steigt und die Einsätze und die Gewinne steigen mit. Eine aufwärts gerichtete **Spirale des Geldwirbels mit hohen Gewinnchancen**.

Die Welt der zwei Ebenen

Früher hat die Wirtschaft von der Finanzwelt profitiert, weil das Geld von Sparern beschafft und investiert wurde und weil es die Wirtschaft und den Konsum angekurbelt hat. Dieser Effekt existiert überwiegend nur noch in Form von Versprechungen und Illusionen auf Seite der Finanzberater und Politiker. Ein neuer Trend der Wirtschaft ist der, dass reiche Firmen, wenn sie Überschuss erwirtschaftet haben, mit diesen Mitteln an die Börse gehen und Aktien kaufen. **Konzerne kaufen ihre eigenen Aktien**, anstatt neue, umweltfreundliche Produkte zu entwickeln, in die Firma zu investieren oder gar die Beschäftigten besser zu bezahlen.

Das ist absurd, aber es bringt mehr Gewinn, das Geld auf dem Finanzmarkt zirkulieren zu lassen. Die Kurse der eigenen Aktien steigen durch den Ankauf und der Wert der Firma (shareholder value) steigt.

Vom Aktienkurs profitieren dann auch die Manager, die solche Finanzgeschäfte durchführen, denn sie erhalten Bonus-Zahlungen, die an den Aktienkurs gekoppelt sind, oder sie werden teilweise mit Aktien bezahlt und besitzen selber Aktien der Firma, sind vielleicht sogar die Eigentümer und deren Erben, hurra!

All das bedeutet, mit Finanzgeschäften ist wegen der riesigen Geldmenge im bestehenden System leichter und schneller Gewinn zu machen als in der realen Wirtschaft, mit Handel und Gewerbe, Dienstleistungen und täglicher Arbeit.

Normale Lohnarbeit ist ungefähr das Schlechteste, was man in diesem System machen kann. Schlechter sind nur noch die Arbeit im Niedriglohn-Sektor und eine Scheinselbständigkeit.

Hier wird klar, dass die Finanzwirtschaft, so wie sie außer Kontrolle geraten ist, am meisten denen nützt, die direkt beteiligt oder nahe dran sind. Zu denen aber, die sich den Beteiligten besonders **nahe fühlen**, gehören fast alle regierenden Politiker, weil sie mit ebenso großen Geldbeträgen agieren dürfen.

Wenn die Politiker sich nicht dazugehörig fühlen würden, dann müssten sie im Interesse ihrer Staaten und ihrer Bürger in das System eingreifen und zwar drastisch, um es unter Kontrolle zu bringen.

Die globale Finanzmacht wird offensichtlich nicht von Staaten und Regierungen kontrolliert, sondern es ist umgekehrt, die Finanzen beherrschen unsere Staaten. Damit meine ich die Länder, die sich mit dem Label freie westliche Welt schmücken. Es kann sein, dass China z.B. nicht von der globalen Finanzmacht beherrscht wird, das entzieht sich meiner Kenntnis. China gehört auch nicht zur freien westlichen Welt.

Der wichtigste Grund, warum die Staaten von der Finanzwelt abhängig sind, ist die Staatsverschuldung.

Der zweite Grund ist der, dass Politiker, besonders auf der höchsten Ebene, Politik fast nur mit Geld machen, das heißt sie disponieren Geld im

Staatshaushalt und lassen die niederen Ebenen in der Verwaltung damit operieren, während sie sich auf internationaler Ebene ihren Konferenzen, Meetings und glamourösen Dingen zuwenden.

Schuldenmachen und **Politik mit Geld** gehören fast automatisch zusammen. Wer Politik am liebsten mit Geld macht, braucht viel Geld, und wenn man es sich möglichst einfach mit der Beschaffung machen will, macht man Schulden. Weil die Finanzwelt das Geld, das die Politiker so dringend benötigen, leicht besorgen kann, entsteht eine Komplizenschaft und die Abhängigkeit der Regierungen von den Geldbesitzern.

Was wir wollen

Die große Frage ist: Wollen wir das?

Wollen wir von denen beherrscht werden, die über das meiste Geld verfügen oder wollen wir, dass die von uns gewählten Politiker, wie über uns, auch über Banken, Finanzinstitute und Großgeldbesitzer regieren?

Dass der Staat Banken und Finanzinstitute unter Kontrolle bekommt, ist ohne Weiteres möglich, wenn Politiker das System durchschauen und dann Politik zum Wohle der Gemeinschaft machen. Es ist ja nicht so, dass die Finanzmacht grundsätzlich stärker ist als der Staat.

Im Gegenteil, ein Staat hat bessere Möglichkeiten, sich zu organisieren, er ist sogar schon besser organisiert, er kann Gesetze erlassen, die das Treiben der Finanzwelt regeln. **Der Staat kann Steuern erheben, wie viel und von wem er will.** Aber ein schwacher Staat begünstigt die Starken und unterdrückt die Schwachen.

Das bedeutet nicht, dass wir einen starken Mann oder eine starke Frau suchen, eine Figur mit Super-Ego und Hausmacht, die angeblich alles im Griff hat. Im Gegenteil, wir brauchen mehr Demokratie, um durchzusetzen, dass die Interessen der großen Mehrheit gegenüber den Oligarchen der Finanzwelt verwirklicht werden.

Wir haben als Gemeinschaft nicht die Vermehrung von Geld als oberstes Ziel. Ganz besonders dann nicht, wenn dieses Geld nur eine kleine Schicht von Großgeldbesitzern beglückt.

Die Staaten kontrollieren den Verkehr, die Erziehung, das Gesundheitswesen, die Verwaltung und das Militär und sehr weitgehend die gesamte Bevölkerung. Beim Finanzwesen ist es aber umgekehrt. Der Staat lässt sich die Regeln von den Banken, Zentralbanken und **von den Finanzmärkten aufzwingen**.

Wollen wir das? Wollen wir von denen beherrscht werden, die am meisten Geld auf die Seite geschafft haben? Oder von Politikern, die wir wählen und abwählen können?

Die Staaten folgen der Regel, dass sie sich Geld bei denen leihen, die es geerbt haben oder schon immer besaßen oder per Mausklick aus dem Nichts erschaffen dürfen. Das ist eine für 99% der Staatsbürger unakzeptable Praxis. Dieses System ist so absurd, dass jeder erkennen kann, so geht es nicht weiter. Aber wer, wenn nicht wir, wird es ändern?

Wir wollen aus der Schuldenfalle in in den Kontrollraum des Systems.

Die Grenze der Geldvermehrung

Die Summe aller Schulden ist wegen der Zinsen und Zinseszinsen im Laufe vieler Jahre größer geworden als die Geldmenge. Dieses Problem wurde in den letzten Jahren dadurch gelöst, dass man überall, besonders in den Zentralbanken, immer mehr Geld geschaffen hat, damit es nicht reihenweise Pleiten von Banken gibt. In den Medien wurde das ein **Domino-Effekt** genannt, den die EZB verhindern müsse.

Mit der Geldvermehrung sind die absurden Fehler des Systems aber nicht behoben, sondern die möglichen Katastrophen nur hinausgeschoben worden. Für die Katastrophen gibt es verschiedene Szenarien, die von Buchautoren gerne ausgemalt werden. Teils sind sie in der Vergangenheit bereits mehrmals eingetreten:

Inflation, Depression (Deflation), Börsencrash, Pleitewellen, Bankenzusammenbrüche oder ganz allgemein und unspezifisch (für die Tagesschau): Finanzkrise oder Eurokrise. Letzteres sind nur publikumswirksame Schlagworte, die nichts aussagen.

Allen, die das System durchschauen, und ich gehe davon aus, dass die Leserinnen und Leser inzwischen dazu gehören, ist klar, dass dieses System so nicht weiter funktionieren kann. Immer größere Kredite, immer mehr Geld im Umlauf. Und das Geld landet am Ende in der Finanzwelt, wo es hergekommen ist.

Man darf die Geldmenge nicht einfach weiter steigern. In früheren Zeiten hat das, in Staaten wie Italien, Griechenland und Frankreich zur Inflation geführt. Inzwischen stößt die Taktik der Zentralbanken, den Markt durch Zinssenkungen und Geldvermehrung anzuregen, an seine Grenzen. **Der Zinssatz ist bei null** und jetzt ist die zu viel zu große Geldmenge das Problem.

Ein Multimilliardär könnte in einem kleinen Land in Afrika, alles kaufen, was es da gibt. Alle Grundstücke, alle Farmen, alle Häuser, alle Produkte auf dem Markt. Die Menschen dort hätten nichts mehr bis auf wenige Reiche und/oder eine korrupte Regierung. Das bestehende Finanzsystem mit seiner riesigen Geldmenge und den Gesetzen des Marktes machen es möglich. Das Beispiel zeigt, dass die Geldwirtschaft, wenn sie nicht bald gebremst und umgekrempelt wird, zu Unmenschlichkeiten führt. Doch was kann man ändern?

Gesetze, Regeln und Naturgesetze

Allen Lehrbüchern und Lehrmeisterinnen der Ökonomie und Finanzwirtschaft zum Trotz, muss man sagen, dass die Regeln des Finanzmarktes keine Naturgesetze sind. Geld und die Gesetze des Geldes sind von Menschen gemacht, nur teilweise beruhen sie auf Mathematik, genauer gesagt, sie müssen die Rechenregeln einhalten.

Die Mathematik des Geldes ist sehr einfach, weil Geld eine Zahl ist und man leicht damit rechnen kann. **Es genügen Addition, Subtraktion, Multiplikation und Division.** Prozentrechnung ist eine Form der Multiplikation.

Die Regeln der Mathematik sind absolut gültig wie Naturgesetze und können von Menschen nicht verändert werden.

Unumstößliche Naturgesetze, dazu gehören die Gesetze der Mathematik, erkennt man daran, dass sie unabhängig vom Menschen gelten. Wenn es keine Menschen gäbe, würden die Naturgesetze ebenso gelten und ebenso die daraus abstrahierten Regeln der Mathematik.

Dass zwei und zwei vier ist, gilt auch für Tiere, Pflanzen und für tote Materie.

Dass Geld existiert und einen mathematisch definierten Wert hat, ist eine geniale Erfindung des Menschen. Dass jemand, der neun Euro bezahlen muss und der Kassiererin einen Zehner gibt, einen Euro zurückbekommt, ist ein Gesetz der Zahlen es gilt wie ein Naturgesetz.

Dass aber jemand, der 100 Taler zur Bank bringt, nach einem Jahr 105 Taler auf dem Konto hat, ist kein Naturgesetz, sondern eine Konvention, die nur mathematisch formuliert wird, indem man von 5% Zinsen spricht. Dieses Postulat war aber der Ursprung für eine Entwicklung, die heute, **nach 500 Jahren, in den Abgrund** führt.

Genau hier ist der Ansatzpunkt. Wenn wir das System des Geldes verändern wollen, dann müssen wir die Regeln ändern, die menschengemacht sind. Es ist nicht selbstverständlich, dass Geld gegen feste Zinsen verliehen wird. Es ist eine Regel, die seit Jahrhunderten so gilt. Die Zinsregel kann aber abgeschafft werden und hat sich bereits teilweise bei null Zinsen von selber abgeschafft, ohne dass eine bessere Regel an die Stelle getreten wäre.

Eine solche Möglichkeit schafft die **Degressive Digitale Währung.**

1.5
Die Macht der Finanzwelt brechen
Degressive Währung, das Geld der Demokratie

Es ist leicht, die Zustände in der Finanzwelt und ihre Dominanz über die Politik zu kritisieren. Schwieriger wird es, wenn wir die Frage stellen: Wie kann man dieses System ändern?

Wir wollen auf legalem Weg die Finanzmacht brechen und sie von der Macht im Staat fern halten, sie von der Regierung trennen und als Dienstleister in ihre Schranken weisen, das ist unser Konzept. Dazu gibt es ganz konkrete Möglichkeiten. Ein Schlüssel zum Erfolg, den jeder Staat in der Hand hat, sind Steuern. In diesem Fall Steuern, die den Fluss des Geldes aus der Finanzwelt heraus in die Kassen des Staates lenken und dann das Steueraufkommen der Allgemeinheit zugute kommen lassen, nach dem Slogan:

Steuern durch Steuern

Dazu gibt es im Folgenden und speziell im 3. Teil realistische Vorschläge, nicht nur Tipps für Experten, sondern allgemein für jeden verständliche und in ihrer Wirkung durchschaubare Ideen.

Solche Ideen sollten Politiker und Regierungen jeder beliebigen Partei aufgreifen, auch schon, ehe sie durch Massenproteste, Streiks und Unruhen oder durch Inflation dazu gezwungen werden.

Das größte Problem aber, welches die Finanzmacht verursacht hat, ist gleichzeitig ihre stärkste Waffe: Es ist die riesige Geldmenge, die rasant weiter ansteigt und sich auch nicht so leicht beseitigen lässt.

Das Geld der Demokratie

Dagegen gibt es ein durchschlagendes Konzept, das ich hier Degressive Währung oder ganz konkret **Degressive Digitale Mark (DDM)** nenne. Sein Erfinder ist Silvio Gesell, er nannte es vor etwa hundert Jahren Freigeld. Das ist aber ein Wort, welches weder das Prinzip dieser Idee beschreibt, noch heute, in Zeiten des Neoliberalismus, einen unverfänglichen Klang hat. Alle Begriffe, welche das Wörtchen frei enthalten, sind in der freien westlichen Welt längst mit neoliberaler Ideologie kontaminiert.

Degressiv soll bedeuten, dass diese Währung eine ganz natürliche Eigenschaft besitzt, wie sie die meisten Gebrauchsgegenstände, Nahrungsmittel und lebensnotwendigen Vorräte haben. Das degressive Geld verfällt, auch wenn man nichts davon verbraucht. Das heißt, es schwindet und wird mit der Zeit weniger. Diese Eigenschaft wollen wir degressiv nennen.

Im digitalen Zeitalter, ist es leicht realisierbar, dass dieses Geld auch zahlenmäßig weniger wird. Es wird also nicht weniger wert wie bei einer Inflation oder Geldentwertung, sondern der Betrag wird kleiner, also das persönlichen Guthaben auf einem Handy oder einer Bank- oder Geldkarte und auf allen Konten. Diese Zahl, also der Geldbetrag, wird automatisch weniger, wenn das Geld nicht bald ausgegeben wird.

Um gleich eine konkrete Zahl zu nennen: Die degressive Währung soll in jeder Woche um **1% weniger** werden und zwar zu einem ganz bestimmten Termin, sagen wir in der Nacht von Montag auf Dienstag um Null Uhr. Wer am Samstag 100 DDM auf seiner Geldkarte hatte, der hat am Dienstag, wenn er dieses Guthaben zum ersten mal wieder benutzt, nur noch 99 DDM.

Die degressive Währung eignet sich also nicht dazu, Geld anzusammeln, um damit Geldgeschäfte zu machen. DDM eignet sich aber sehr wohl dazu, als Währung alles zu leisten, was zu einer florierenden Wirtschaft gehört. Degressives Geld hat den Anreiz, die Wirtschaft anzukurbeln und am laufen zu halten, weil jeder, der es hat, es bald wieder ausgeben will.

Die degressive Währung begünstigt diejenigen, die Geld verdienen und es bald ausgeben, gegenüber denen, die es horten und besitzen, um damit Finanzgewinne ohne Leistung zu erzielen. Das degressive Geld ist das Geld der Demokratie.

Wenn der Autor Ernst Wolff am Ende seiner Videos der Serie „The Wolff of Wallstreet" jedes mal fordert: Wir brauchen ein demokratisches Finanzsystem, dann ergänze ich: Hier ist das geeignete Geld dazu, die Degressive Digitale Währung.

Kein Zentralbankgeld

An dieser Stelle muss eine klare Abgrenzung gegen das erfolgen, was kürzlich als Zentralbankgeld ins Spiel gebracht wurde. Die große Finanzwelt hat eine Digitalwährung im Auge, die ebenfalls degressiv sein kann, wenn sie mit einem negativen Zins belegt wird, was aber beim Zentralbankgeld nicht grundsätzlich so sein soll. Schon das Wort Zentralbankgeld klingt bedrohlich und es ist auch bedrohlich, weil dieses Geld genau von denen kommt, welche die Hauptverantwortlichen für den aktuellen Geldüberfluss sind, sie sind nicht die Rettung, sondern Teil des Problems und Garanten für die Übermacht der Finanzwelt.

Unsere Degressive Digitale Mark DDM soll **nicht von der EZB** ausgegeben und kontrolliert werden, sondern von einer lokalen Institution, vielleicht von einer Art Genossenschaft. Das degressive Geld soll auch nicht den Euro ersetzen, sondern zunächst einmal **als Zweitwährung** funktionieren.

Ein System von zwei Währungen kann die Bedürfnisse einer modernen Gesellschaft besser befriedigen als eine zentrale Währung, die sich in der Hand unkontrollierbarer Mächte befindet und sich bereits zu zwei Dritteln von der realen Wirtschaft gelöst hat. Das degressive digitale Geld wird sich dann so positiv entwickeln, dass der Euro zur Zweitwährung wird, die man für bestimmte finanzielle Zwecke benutzt, zum Sparen oder als Münze, die man auf der Straße einem Bettler in den Hut wirft.

Also keine Angst vor der Abschaffung des Bargelds. Im System von zwei Währungen kann jeder selbst entscheiden, welches Geld er bevorzugt, und am besten benutzt man beides. Dazu gibt es dann immer einen aktuellen Umrechnungskurs und feste Regeln für den Umtausch, der mit einer Transaktionsgebühr belegt wird.

Rettung durch Konkurs

Vielleicht erinnern sich einige an die Griechenlandkrise. Damals sprach alle Vernunft dafür, dass **der griechische Staat Konkurs erklärt**, alle Zahlungen einstellt und im Land die Drachme als griechische Währung wieder einführt. Der Verlierer wäre die große Finanzwelt gewesen, insbesondere alle Banken und Großgeldbesitzer, welche griechische Staatsanleihen mit ihren verlockend hohen Zinsen, bei hohem Risiko, gekauft hatten.

Die EU-Politik und der Internationale Währungs-Fonds wollten das nicht, obwohl der deutsche Finanzminister Wolfgang Schäuble dafür war. Auch viele Griechen glaubten, man wolle sie aus dem Euro hinausschmeißen und sie glaubten irrigerweise, das wäre ein persönlicher Nachteil für sie. Was dann aber kam, war schlimmer als eine Staatspleite mit Neuanfang.

Man entschied sich, nur einen Teil der Schulden zu annullieren und dem Land neue Kredite in Euro zu gewähren oder aufzudrängen in dem verhängnisvollen Glauben, die Wirtschaft würde sich durch neue Kredite erholen, und der Staat die Schulden dann abbezahlen. Heute hat Griechenland mehr Schulden als vor der Krise. Die Finanzwelt ist gerettet und die griechische Wirtschaft ist von der Gnade des Tourismus abhängig, der aber durch Reisebeschränkungen abgeblockt wurde.

Die ideale Lösung für den griechischen Staat und seine Bürger wäre eine Degressive Digitale Drachme DDD als Zweitwährung gewesen, die der Staat ausgibt und mit der er seinen Verpflichtungen gegenüber den Bürgern nachkommt. Im Land muss dann jeder diese Währung annehmen und jeder wird das Geld schnell wieder ausgeben.

Die lokale Wirtschaft floriert, auch Touristen greifen zu griechischen Geldkarten mit Degressiven Digitalen Drachmen und geben das Geld schnell aus, weil sie im Land viel dafür bekommen. Dadurch steigt der Wert der DDD gegenüber dem Euro, der nie abgeschafft wurde, so dass die Griechen auch wieder im Ausland einkaufen können.

Leider muss ich hinzufügen, dass die Verträge über die Einführung des Euro den teilnehmenden Ländern eine Zweitwährung verbieten. (Das war wohl gegen die starke Deutsche Mark gerichtet.)

Ich vermute, Yannis Varoufakis, der damals Finanzminister war, hätte sich, wenn er die Idee einer Degressiven Digitalen Drachme gehabt hätte, über diese Regel hinweg gesetzt. Die Einführung einer degressiven Zweitwährung ist zwar in Griechenland nicht möglich geworden, aber sie ist **kein Hirngespinst**, sondern eine rettende Idee.

Das Wunder von Wörgl

Versuche mit degressiven Währungen wurden schon mehrfach erfolgreich unternommen. Es hat auf lokaler Ebene gut funktioniert, besonders in der österreichischen Kleinstadt Wörgl bei Innsbruck, nahe der deutschen Grenze.

Das **Wörgler Schwundgeld** wurde in der Weltwirtschaftskrise, 1932 von einem Wohlfahrtsausschuss ausgegeben und von der Gemeinde und ansässigen Firmen eingesetzt. Mit dem Schwundgeld konnten Gemeindesteuern bezahlt werden, einheimische Geschäftsleute nahmen es an.

Die Degression wurde dadurch realisiert, dass man auf die Geldscheine jeden Monat eine Marke im Wert von 1% des Wertes aufkleben musste, damit der Schein seine Gültigkeit behielt. Das war also eine Degression von 1% pro Monat, mit Papiergeld etwas kompliziert zu realisieren.

Das Experiment war erfolgreich und fand international große Beachtung, wurde aber 1933 nach 14 Monaten von der Österreichischen Nationalbank per Gerichtsbeschluss und mit Drohung eines Armeeeinsatzes abgewürgt.

Bis dahin hatte die Degressive Währung in Papierform im Schnitt etwa 400 mal zirkuliert und damit die lokale Wirtschaft saniert.

Das ist **„Das Wunder von Wörgl"**, auch Titel eines österreichischen Spielfilms von 2018.

Wir sehen, dass man zur Krisenbewältigung nicht Faschisten folgen muss, wie es 1933 in Deutschland geschah, und später in Österreich nachgeholt wurde. Wir suchen besser nach rationalen Lösungen, ganz besonders dann, wenn sie den technischen Fortschritt auf ihrer Seite haben.

Es ist selbstverständlich, dass die Finanzwelt strikt gegen eine Degressive Währung auf lokaler Ebene ist. Großgeldbesitzer werden benachteiligt gegenüber der wirtschaftlich aktiven Bevölkerung, für die das degressive Geld ein klarer Vorteil ist.

Für diejenigen, die Geld mit Geld verdienen wollen, wäre die Degressive Digitale Währung ein Desaster, doch das ist für uns gerade das Ziel der Veranstaltung. **Die Macht der Finanzwelt soll gebrochen werden.** Es ist, wie schon gesagt, das Geld der Demokratie.

Geldpolitik der Zukunft

Für eine griechische Regierung oder sonstige Instanz, welche die Degressive Währung eingeführt hat, gibt es durch die **digitale Konstruktion** der Währung gleich mehrere Möglichkeiten, die wirtschaftliche Entwicklung zu steuern. Diese Technik stellt flexible Parameter zur Verfügung, mit denen man die Geldwirtschaft optimieren kann, so wie es unsere Ingenieurinnen mit Metall und Baumaterial tun.

Als erstes ist da die ausgegebene **Geldmenge** zu bemessen, die wie bei Dollar und Euro in der jetzigen Phase, im Prinzip unbegrenzt ist. Es kommt natürlich sehr darauf an, wer die Währung erzeugt und wer sie kontrolliert; denn diese Instanz kann beliebig viel Geld erzeugen.

Es sollte eine demokratisch streng kontrollierte Institution sein, die aber nicht, wie der Staat, selber Geld ausgibt. Sie soll die Geldmenge im Interesse der Gemeinschaft vernünftig regeln. Gegenüber dem bestehenden System haben wir den großen

Vorteil, dass, wenn einmal (irrtümlich) zu viel Geld da sein sollte, sich die Menge durch die Degression von selbst reduziert.

Zweitens kann man den **Prozentsatz der wöchentlichen Degression** (bisher 1% vorgeschlagen) verändern. Wir wollen diese Zahl den **Abschlag** nennen.

Abschlag von 1% pro Woche

Den Abschlag von 1% pro Woche kann man herauf oder herunter setzen, je nachdem, wie die Bürger und die Wirtschaft darauf reagieren. Der Abschlag wirkt wie eine Inflationsrate, die man aber voll unter Kontrolle hat und wöchentlich verändern kann.

Geraten Menschen, zum Beispiel Rentner, in Panik, weil das Geld ihrer Meinung nach zu sehr schwindet, wird der Abschlag von 1% auf 0,5% herabgesetzt und von 100 verbleiben nach einer Woche noch 99,50 Einheiten.

Entwickelt sich die Wirtschaft zu träge, dann wird der Abschlag heraufgesetzt, der Druck, das Geld auszugeben, wird erhöht und es setzt eine stärkere Bewegung in der Wirtschaft ein, angetrieben durch den Abschlag.

So kann man gleichzeitig auch eine zu hohe Geldmenge schneller abbauen. Der Wert von 1% pro Woche ist relativ hoch, damit die Zirkulation des Geldes in Gang kommt.

Man kann **außerdem die Frequenz** für den Abschlag ändern, z.B. monatlich, statt wöchentlich, wenn die Menschen lieber einen ganzen Monat planen wollen. Dadurch wird natürlich auch die zahlenmäßige Auswirkung des Abschlags verändert und es erfordert etwa den vierfachen Zahlenwert, um den gleichen Effekt zu erzielen.

Zwei Währungen gleichzeitig

Sehr interessant wird es, wenn zwei Währungen gleichzeitig gültig sind, von denen eine der stabile Euro ist. Dazu wird sich bei freiem Handel ein variabler Umrechnungskurs heraus bilden, der dem Markt überlassen bleibt. Es muss aber verhindert werden, dass sich durch Umtausch von DDM in Euro **hin und her** der Abschlag umgehen lässt.

Nehmen wir an, 1 Euro hätte den Wert von 100 DDD (Drachmen). Wenn jemand am Samstag 100 DDD gegen 1 Euro tauscht und am Dienstag für 1 Euro wieder 100 DDD zurückbekommt, hat er den Abschlag umgangen, denn die Leute, die das nicht machen, haben von 100 nur noch 99 DDD auf dem Konto. Das darf natürlich nicht sein, sonst würden alle, sobald sie DDD erhalten haben, sofort in Euro tauschen.

Um das System von zwei Währungen, von denen eine der stabile Euro ist, zu realisieren, muss eine

Transaktionsgebühr für den Umtausch einprogrammiert werden, die ebenfalls als Parameter gesteuert wird. Diese Gebühr darf nicht zu niedrig ausfallen.

Wir nehmen als Beispiel als Transaktionsgebühr 10% vom umgetauschten Betrag. Wer dann 100 DDD tauscht, bekommt nur 0,90 Euro.

Erst nach 11 Wochen ist das mehr als der Betrag, den man auf einem DDD-Konto hätte, das mit dem wöchentlichen Abschlag belegt ist. Wer seine Euros vorher in DDD zurücktauscht, macht durch den Umtausch einen Verlust.

Mit der Transaktionsgebühr von 10% wird für alle, die Löhne und Gehälter bekommen, ein hin und her Tauschen in Euro unsinnig. Erst nach 11 Wochen hat das Ersparte in Euro gegenüber einem Konto mit Abschlag einen höheren Wert.

Will man auch das noch weiter hinaus schieben, dann muss die Transaktionsgebühr von 10% auf 12% oder 20% erhöht werden.

Offener Verkehr, aber unter Kontrolle

Solche Maßnahmen sollen auch Konzerne daran hindern, ihre Gewinne aus dem Land zu schaffen. Lokale Firmen, die ihr Geld im Land wieder ausgeben, z.B. in Form von Löhnen, werden begünstigt. Damit wird auch deutlich, wer in der Wirtschaft **die Gegner** einer degressiven Währung sein werden: Die Gewinner der Globalisierung und **die Steuer-Vermeider**, die ihre Einnahmen in Steueroasen verschieben.

Bei der Einführung der Degressiven Digitalen Währung ist noch ein anderes Problem zu lösen, das von der riesigen globalen Geldmenge ausgeht.
Wenn wir den Umrechnungskurs von Dollar oder Euro in DDM dem freien Markt überlassen, könnte es sein, dass, besonders am Anfang, der Kurs der DDM ungünstig gegenüber den harten Währungen ausfällt und dass internationales Kapital mit Milliardenbeträgen in den Bereich der neuen Währung eindringt. Die Finanziers kaufen alles weg, während sich die Bürger, die mit DDM bezahlt werden, sich Importe nicht leisten können.

Es gibt zwei Maßnahmen, die das verhindern. Erstens eine Transaktionsgebühr für den Umtausch von Euro in DDM, genau wie beim Umtausch von DDM in Euro. (Dem sind Grenzen gesetzt, weil sonst Schwarzgeschäfte blühen.)
Die andere Möglichkeit ist besonders elegant; denn sie würde auch das bereits bestehende Problem der Immobilien-Hamsterkäufe durch die internationale Geldflut lösen.
Bei Einführung einer Degressiven Digitalen Währung kann man per Gesetz bestimmen, dass **Grundbesitz, Immobilien und Mieten** nur mit DDM bezahlt werden. Das lässt sich notariell

überprüfen und, wenn es einmal beschlossen ist, auch durchsetzen. Diese Regel begünstigt die eigenen Bürger, die in der Region ihr Geld verdienen und wieder ausgeben. Je nach Entwicklung der Dinge könnte man diese Regel auf andere Handelsgüter ausdehnen.

Es wäre zu wünschen, dass die Instanz, welche die Degressive Digitale Währung ausgibt und steuert, sehr flexibel reagiert.

Ein System wie das bestehende, bei dem alle vier Jahre gewählt wird und die Wahlen in einen Koalitionsvertrag auf Jahre hinaus laufen, ist viel zu unflexibel, die Balance in dem neuen Finanzsystem zu halten. Man darf so eine Entwicklung, auch wenn man sie bejaht, nicht auf Jahre voraus planen.

Es braucht flexible Institutionen, um das Geld der Demokratie mit den vorhandenen Mechanismen zu steuern und diese **Institutionen müssen demokratisch kontrolliert sein**.

1.6
Hartes Geld und harte Fakten
Wer Schulden macht, verschenkt die Macht

Eine degressive Währung ist das richtige Mittel, sich von den aufgezwungenen Spielregeln der Finanzwelt zu befreien; denn deren Prinzipien gehen immer von einem positiven Zins aus, der natürlich die Geldbesitzer bevorzugt. Das hat wohl schon der Erfinder der degressiven Währung Silvio Gesell so gesehen, weshalb das Wort **Freigeld** damals nicht so ganz falsch war. **Eine Degressive Währung befreit die Tätigen und Handelnden, auch den Mittelstand, von der Herrschaft der Geldbesitzer,** ohne irgendwelche Gewaltanwendung oder Revolte, übrigens auch ohne marxistische Ideologie.

Die Geldmenge verringern

Widerstand gegen Veränderungen kommt oft von Marxisten, die es sich leicht machen und einfach sagen: Da müssen wir erst mal den Kapitalismus abschaffen. Aber wenn das die Lösung wäre und wenn das Abschaffen des Kapitalismus so einfach ginge, dann hätte die kommunistische Partei Chinas nicht den Weg des Marxismus verlassen und viele Elemente des Kapitalismus mit wirtschaftlichen Erfolg übernommen.

Inzwischen ist das System der Weltwirtschaft in eine neue Phase eingetreten. **Die Wirtschaft wird von der Finanzwirtschaft dominiert.** Da geht es um das nackte Geld, das durch seine viel zu große Menge die reale Weltwirtschaft und die Politik beherrscht. Dieses System der Finanzen ist ausgeartet, es ist aus der Balance geraten und gefährlich für alle geworden.

Die Geldwirtschaft muss unter Kontrolle gebracht werden. Es wäre naiv, zu erwarten, dass die Verursacher und Profiteure des Systems von sich aus die Fehler durch Selbstbeschränkung beheben.

Ein Ansatz, die Geldflut zu bewältigen, ist die Degressive Digitale Währung, die durch ihre besondere Konstruktion die Wirtschaft nicht durch die eigene Menge überwältigen kann. Wenn die degressive Währung die Wirtschaft überschwemmen sollte, muss man nur den Abschlag erhöhen und die Geldmenge reduziert sich in kurzer Zeit von selbst. Das degressive Geld ist also ein konkretes Gegengewicht gegen die Übermacht des herkömmlichen Geldes.

Bankenkontrolle

Eine zweite Möglichkeit, die Geldflut einzudämmen, sind Bankauflagen. Durch Gesetze kann man verbieten, dass Banken das Zehnfache oder Hundertfache ihres Vermögens an Krediten vergeben und so fast unbegrenzt neues Geld erschaffen. Man kann von den Banken Sicherheiten verlangen und man muss durch Bankaufsicht nachprüfen, ob die Spielregeln eingehalten werden.

Dagegen wehrt sich die Bankenwelt vehement. Doch der jetzige Zustand ist unhaltbar. Würden alle Kontoinhaber gleichzeitig zu ihren Banken gehen und die Auszahlung ihrer Guthaben verlangen, wären **die meisten Banken der Welt pleite**.

Die Kreditvergabe sollte durch klare Vorschriften gedrosselt werden. Es geht ja auch anders. Es gab schon immer (und es gibt sie auch jetzt noch) Sparkassen und Genossenschaftsbanken, die keine Giralgeldschöpfung praktizieren, die also kein Geld verleihen, das sie nicht besitzen.

Das ist gut so, es nutzt aber wenig, wenn Großbanken und Notenbanken in viel größeren Mengen unbegrenzt Geld erschaffen.

Man könnte die Praxis der Geldvermehrung durch Private Banken generell abschaffen. Der Staat hat die Möglichkeit und das Recht dazu, das auch zu überprüfen und jedes Vergehen zu bestrafen. Natürlich gibt es dann ein großes Gezeter mit dem Argument, die Einschränkung des Kreditgeschäfts würde die Wirtschaft abwürgen.

Dem steht eindeutig die Tatsache entgegen, dass **jetzt zwei Drittel aller Finanzen** (oder mehr) **sich nur in der Finanzwelt bewegen.** Das heißt, die Wirtschaft braucht dieses Geld gar nicht und selbst, wenn sie es gerne hätte, bekommt sie es nicht.

Das große Geld kreist um sich selbst und wirft durch reine Finanzgeschäfte mehr Gewinn ab, um so mehr, je schneller es rotiert und je größer die Geldmenge wird.

In der Schweiz gab es kürzlich die Initiative, durch einen **Entscheid** der Staatsbürger, allen Banken, außer der Zentralbank, die girale Geldschöpfung zu verbieten. Diese Initiative fand keine Mehrheit. Das zeigt, dass die Propaganda der Finanzelite in der Schweiz stärker war als die Argumentation der Befürworter.

In der Schweiz gibt es zwar Direkte Demokratie, aber es gibt kein entsprechendes Massenmedium oder Forum, das demokratischen Gesetzen folgt. Die Medienlandschaft der Schweiz unterscheidet sich nicht von der in Deutschland und ähnlichen Ländern. Direkte Demokratie und Demokratie überhaupt brauchen demokratische Medien, die uns weder mit Reklame noch mit Propaganda der Regierung zudröhnen.

Machtmissbrauch und Disziplin

Inzwischen hat sich 2020 in den USA und in der Euro-Zone gezeigt, dass die Zentralbanken am meisten Geld erschaffen, die FED allein hat, wie schon erwähnt, 9.000.000.000.000 $, in Worten neun (europäische) Billionen, in einem Jahr von Ende 2019 bis Ende 2020 ausgegeben und die EZB kaum weniger, Tendenz steigend.

Was nutzt Bankenkontrolle der Privatbanken, wenn die Zentralbanken dann verstärkt das machen, was andere nicht mehr dürfen? Die FED unterliegt nicht der Kontrolle der Regierung der

USA und auch die EZB hat diese Geldvermehrung nicht mit der Zustimmung der beteiligten Regierungen vorgenommen. Deutschland war nicht dafür, weil die Taktik darauf hinaus läuft, dass italienische Staatsschulden von den anderen Euro-Ländern abgefedert werden, um es vorsichtig auszudrücken.

Mario Draghi hat das frische Geld zum Ankauf von italienischen, spanischen, portugiesischen und griechischen Staatsanleihen eingesetzt. Die Schuldenmacher und ihre Banken wurden entlastet, die Staaten mit ausgeglichenem Haushalt (Schwarze Null) wurden benachteiligt.

Ob Draghi als Regierungschef in Italien die positiven Impulse für sein Land auf nationaler Basis fortsetzen kann, wird sich zeigen.

Die Geldvermehrung an sich ist schwer zu stoppen, solange wir die Praxis der FED und der EZB nicht ändern (können). Wir müssen an einer anderen Stelle ansetzen.

Das neu geschaffene Giralgeld ist immer mit einer Schuld in gleicher Höhe (plus Zinsen) verbunden. Das ist das Prinzip: **Giralgeld und Schulden entstehen gleichzeitig.**

Wenn Schulden zurückgezahlt werden, verschwindet das Geld wieder aus dem Verkehr und die Schuld aus den Büchern. Das Giralgeld oder

Buchgeld verschwindet im Nichts, da, wo es hergekommen ist. Und wenn keine neuen Schulden gemacht werden, wird die verringerte Geldmenge nicht wieder erhöht.

Die größten Schulden überhaupt sind Staatsschulden. Das heißt, wenn Staaten ihre Schulden zurückzahlen und keine neuen Schulden machen, wird die Geldmenge beträchtlich verringert und nicht wie jetzt bei jedem neuen Kredit weiter aufgeblasen. Genau das ist nötig, um das Gleichgewicht zwischen Finanzmacht und Staatsmacht wiederherzustellen.

Schulden balancieren die Macht

Im Interesse aller, die einem Staat angehören und die selber kein Finanzvermögen in der Größenordnung von 100 Millionen oder mehr haben, darf der Staat, dem sie angehören, keine Schulden machen, weil er sonst (ohne Absicht?) die Geldmenge erhöht und damit die Verfügungsmasse der Finanzwelt. Wenn er es doch tut, handelt er, bewusst oder unbewusst, im Interesse der Finanzmacht, nicht im Interesse der Bürgerinnen und Bürger.

Das Ziel, das wir anstreben, müsste sein, dass es in einer Demokratie keine Staatsschulden mehr gibt. Umgekehrt gesagt: Politiker, die leichtfertige

Staatsschulden machen, sind keine Demokraten, sondern, bewusst oder unbewusst, Teil einer Oligarchie, in der die Finanzmacht alle Joker in der Hand hat, weil sie das Geld für den Kredit zur Verfügung stellt und dieses Geld von sich aus erzeugt.

Große Schuldenaufnahme der Staaten wird meistens als Ausnahme hingestellt. Bei geschickter Argumentation sind die Schulden immer alternativlos. Beseitigen lassen sich die Schulden aber nicht mit Argumenten, sondern nur mit Zahlungen an die Geldgeber.

Hier sind andere Wege der Finanzierung gefragt, beispielsweise eine schnelle Vermögensabgabe zur Vermeidung von langfristigen Schulden. Außerdem wäre es nicht verkehrt, wenn ein Staat Rücklagen aufbaut. So lange das System nicht geändert ist, hilft also eine vorausschauende Finanzdisziplin, wie sie jeder normale Erwachsene, jedes Ehepaar, jede Familie und jeder im Mittelstand aktive Unternehmer praktizieren muss.

Es ist absurd, dass Politiker mit einem Mandat aller Bürger sich über die einfachsten Spielregeln im Umgang mit Geld hinweg setzen, die jeder sonst einhalten muss, der nicht vor die Hunde gehen will.

Profiteure und Nettozahler

An der breiten Front gegen staatliche Finanzdisziplin sind auch viele Staatsangestellte und Empfänger von staatlichen Leistungen. Manche sind in gehobenen Positionen und sie bilden eine sehr starke Fraktion in den Parlamenten. Sie machen sich keine Gedanken darüber, wer das Geld zurückzahlen soll, weil sie ganz bequem vom Staat alimentiert werden und das ihr Leben lang.

Diese Repräsentanten glauben, von den Schulden zu profitieren, und das ist ja auch richtig, sie profitieren persönlich und das regt vielleicht ihren Konsum an, was wiederum als Argument für die Verschuldung gilt.

Das ist zwar richtig argumentiert im Sinne des persönlichen Vorteils, aber es ist zum Nachteil der **Nettozahler, die mehr an den Staat zahlen, als sie von ihm ausgezahlt bekommen.** Selbst, wenn die Nettozahler in der Minderheit sind und die Staatsquote über 50% liegt, wie in Frankreich, selbst dann geht die Rechnung in dieser Argumentation quantitativ nicht auf, denn der Staat macht ja selber (fast) keinen Gewinn und wird von den Nettozahlern finanziert, nicht von den Gehalts- und Transfer-Empfängern des Staates und auch nicht von der Mehrheit im Parlament.

Ein Staat, der nicht von den Finanz-Oligarchen beherrscht werden will, muss seine Finanzen selber regeln und sollte nicht auf die Hilfe der Finanzmacht zurückgreifen, wenn er dringend Geld braucht.

Ein freier, demokratischer Staat muss sein Einkommen den Ausgaben anpassen und sein Budget über Steuern und Abgaben und nicht mit Schulden finanzieren. In Krisenzeiten kann der Staat unter Umständen hart durchgreifen, aber wenn es um Geld geht, muss das Interesse der Allgemeinheit und der Nettozahler, welche die Staatskasse füllen, gegen diejenigen durchgesetzt werden, die von Staatsschulden profitieren: Die Politiker, die Finanzwelt und diejenigen die vom Staat alimentiert werden.

Ursula von der 1,6-Billionen-Geld Leyen

Staatsschulden sind faktisch ein Übergriff auf die Finanzen der nachfolgenden Regierungen und der kommenden Generationen. Das ist undemokratisch und **egoistisch, beinahe unmenschlich**. Das extremste Beispiel in dieser Richtung ist die aktuelle Politik von Ursula von der Leyen und damit der EU-Kommission.

Es geht darum, 1,5 oder 1,6 Billionen an Schulden im Namen der EU aufzunehmen. Dabei haben alle Staaten, Länder, Kommunen und viele Renten- und Krankenkassen bereits riesige Schulden.

Die Krone (lateinisch Corona) dieser Hybris ist

aber der Plan für die Rückzahlung, das sollte hier noch einmal deutlich gesagt werden: **Erst nach acht Jahren soll die Tilgung beginnen und sich über 30 Jahre hinziehen.**

Die erste große Schuldenlast auf Ebene der EU soll also von den Enkeln der jetzt Verantwortlichen an die Finanzwelt zurückgezahlt werden. Diese Generation sind jetzt noch Kinder und **sie müssen dann, die größte Zeit ihres Erwerbslebens, Schulden der Großeltern tilgen.**

Der üble Trick, die Rückzahlung so weit ins Jahrhundert hinaus zu schieben, wird möglich durch die niedrigen Zinsen, die quasi bei Null liegen. Das genügt der Öffentlichkeit und den großen Medien anscheinend, diesen Schritt zu billigen. Unbeachtet bleiben dabei Tatsachen von mathematischer Sicherheit: Die Geldmenge wird drastisch erhöht, das meiste davon landet in der Finanzwelt und die Enkel der Entscheider müssen 1.600.000.000.000 Euro zurück zahlen.

Man kann Frau von der Leyen und die Kommissarinnen und Kommissare der EU nicht daran hindern, ihre eigenen Enkel zu enterben, aber den Nachkommen aller EU-Bürger diese riesige Schuldenlast aufzubürden, ist unmenschlich. Ich kann der jungen Generation in Europa nur raten, diese Zahlungen strikt zu verweigern und sich auf einen entsprechenden Konflikt einzustellen.

Weniger Geld, weniger Schulden, weniger Stress

Die Argumentation gegen Staatsschulden ist so umfangreich geraten, weil eine Mehrheit, die sich als links empfindet, bedenkenlos für Staatsschulden und Konjunkturprogramme eintritt. Sie haben diese Meinung, weil sie den Mechanismus nicht durchschauen, wie das Geld in der Finanzwelt durch Schuldenaufnahme der Staaten entsteht.

Selbst, wenn es keine Neuschulden gibt, bleibt die vorhandene Geldmenge bestehen, mit allen negativen Konsequenzen, einschließlich der Instabilität dieses Systems. Eine Degressive Digitale Währung, wie vorgeschlagen, führt zwar nicht zu weiterer Geldflut, hilft aber auch nicht, den Geldüberfluss abzubauen.

Die Geldmenge kann im bestehenden Finanzsystem, ohne Geldentwertung, nur durch Schulden-Abbau reduziert werden. Das wird in einigen Ländern mit klugen Finanzpolitikern auch praktiziert, geschieht aber nicht in hinreichendem Ausmaß, zumal nach jeder Wahl neue Entscheider an die Macht kommen können, die das Geld-Schulden-System nicht durchschauen und/oder sich von Finanzberatern leiten lassen.

Schuldenabbau ist eine harte, sichere und faire Methode im Interesse der Allgemeinheit. Aber nur dann, wenn man sich das Geld für den Schuldenabbau da holt, wo es in Überfluss vorhanden ist, durch Steuern für Großverdiener, Steuern auf Finanzaktionen und Finanzerträge und eine **Vermögensabgabe in Form einer satten Erbschaftssteuer**. Wieso die Erbschaftssteuer eine sanfte und sehr natürliche Vermögensabgabe ist, wird gleich im Folgenden erklärt.

Der Widerstand dagegen geht von bestimmten Parteien aus, in Deutschland CDU/CSU, weniger von den Milliardären selbst, denn die sind wenige und sie haben ihre eigenen Probleme mit der Geldflut. **Milliarden im Besitz einzelner Personen oder Familien nützen niemandem, auch nicht den Besitzern.** Sie polarisieren, verursachen Spannungen und bereiten Stress, der in einer finanziell entspannten Situation auf menschliche Weise verschwindet.

Man kann es auch so sagen: Die starke Polarisation in der Geldverteilung zu beseitigen, wäre ein **Gewinn an Lebensqualität für Arm und Reich**.

2. Teil
Weniger Finanzherrschaft, mehr Demokratie

2.1
Steuern durch Steuern

Der Staat erbt mit!

Der Staat sollte sich über Steuern finanzieren, womit er auch die Wirtschaft steuern kann. Und was sich nicht finanzieren lässt, z.B. Krieg und andere Projekte des Wahnsinns, sollte ein demokratischer Staat nicht anpacken.

Jetzt, wo die riesigen Schulden bereits bestehen, gilt folgende Maxime: So schnell wie möglich mit Steuern und Vermögensabgaben auf die Finanzen der Großgeldbesitzer zugreifen und die Schulden zurückzahlen. Eine einmalige **Vermögensabgabe** ist zwar nicht leicht zu realisieren, wäre aber bei der Höhe der Neuschulden nicht unangebracht.

Die zweite Möglichkeit ist eine Erbschaftssteuer, die sofort beginnt und dann bestehen bleibt. Wenn die Politik sich so blitzschnell zum Schuldenmachen entschließen kann, muss sie genau so schnell die Rückzahlung regeln. Je schneller desto besser.

Gerade das deutsche Wort Steuern gibt einen deutlichen Hinweis darauf, dass Steuern nicht nur dazu dienen, den Bürgern Geld aus der Tasche zu ziehen, sondern, dass Steuern der Steuerung der Gemeinschaft im Sinne von Gerechtigkeit und Chancengleichheit dienen können. Das bedarf einer genaueren Erklärung.

Wer oder was wird mit Steuern gesteuert?

Mit Steuern kann man fast alles steuern, was sich mit Geld steuern lässt, und das ist eine ganze Menge. Ganz besonders kann man auch die Finanzwelt und deren Geschäfte mit Steuern steuern und das interessiert uns am meisten; denn wir wollen, dass der Staat die Finanzwelt kontrolliert und nicht umgekehrt, dass die Finanzmacht unsere Staaten kontrolliert.

Der Staat hat das Recht Steuern zu erheben, wie viel und von wem er will. Das ist eigentlich eine Selbstverständlichkeit, ist aber anscheinend aus dem Bewusstsein der Politiker und der medialen Öffentlichkeit entschwunden. Statt dessen hat sich eine **Steuer-Phobie** breit gemacht, angeregt von den Liberalen und denen, die viel Geld einnehmen und immer noch mehr haben wollen und den anderen, der Allgemeinheit und dem Staat, nichts gönnen.

Typische Beispiele für diesen Charaktertyp sind die weltbekannten Milliardäre Jeff Bezos, Billy Gates, Mark Zuckerberg und Elon Musk. Das sind aber nur ein paar Beispiele, es gibt tausende von ihnen, unterstützt durch ein riesiges Heer von Beratern und Steuer-Optimierern.

Sie werden hofiert von willfährigen Politikern.

Holt euch das Geld da, wo es ist!

Diese Kreise nennen wir Finanzoligarchen, Großgeldbesitzer, Finanziers oder Finanzwelt, das Wort ist egal. Aber wir nennen sich nicht „das Kapital". Kapital ist ein mit viel Philosophie behafteter Begriff und führt zu endlosen Debatten, bei denen die Marxisten immer Recht behalten. Andererseits wollen wir auch nicht den Begriff „die Märkte" nehmen, welcher das Prinzip der Geldbesitzer und Finanzmanager verharmlost und als alternativloses Marktgesetz hinstellt.

Unter dem Deckmantel der Freiheit, der Liberalität und der Gesetzmäßigkeit des Marktes hat sich die Finanzwelt das Recht erkämpft, mit ihrem Geld über Staaten zu herrschen. Mit psychologischer Geschicklichkeit haben sie fast alle Politiker und Parteien (der freien westlichen Welt) auf ihre Seite gezogen und eine breite mediale Öffentlichkeit erreicht.

Man muss nur das Fernsehen einschalten oder die großen überregionalen Zeitschriften und Zeitungen lesen, um belehrt zu werden, dass Demokratie sich nicht auf die Verteilung von Geld und

Reichtum bezieht. Das ist eine ideologische Einschränkung der Demokratie, aber es ist die Darstellung in unseren Medien. Warum ist das so?

Einen Hinweis darauf, warum es so ist, könnte die Tatsache geben, dass ein Fernsehintendant in Deutschland etwa 400.000 im Jahr verdient, das sind 33.333 Euro im Monat. Wer soviel Geld sicher verdient, plus Pensionsanspruch, der fühlt sich der Finanzelite näher als den Zuschauerinnen.

Wer dagegen die These vertritt, dass man der Finanzmacht mit Steuern zu Leibe rücken soll, hat in der medialen Öffentlichkeit einen schweren Stand. Sie oder er wird bestenfalls ignoriert. Im Folgenden wird aber umgekehrt die Übermacht der neoliberalen Ideologie in den großen Medien ignoriert und ganz konkret werden Steuern gefordert, und präzise wird geschildert, welche Steuern die Finanzwelt ärmer, den Staat und seine Bürger aber reicher machen.

Der Staat sollte sich das Geld mit seinen Steuern da holen, wo sehr viel überschüssiges Geld vorhanden ist, da wo Transaktionen stattfinden, an den Börsen, in den Fonds, ganz einfach überall da, wo das Geld in großen Mengen zirkuliert; denn diese Finanzdominanz ist überflüssig, sie produziert nichts außer Geldgewinn.

Überall, wo man Geld mit Geld verdienen kann, ist ein Überschuss vorhanden. Der Staat, der für alle da ist, muss es dort abgreifen:

Direkte Steuern auf Finanzgewinne, also Einkommensteuer und Körperschaftsteuer, sollten für passives Einkommen aus Vermögen **höher** sein als auf alle anderen Einkommen. Zur Zeit ist es genau umgekehrt. Das ist völlig absurd.

Es macht auch keinen Sinn, auf angemessene Steuern zu verzichten, nur weil sie zu umgehen sind. Wenn ein paar Milliardäre sich auf den Bahamas verstecken und dort von illegalen, unversteuerten Finanzeinkünften in Saus und Braus leben, ist das nicht nur ein Fall für die Klatschpresse, sondern auch für die internationale Steuerfahndung.

Es muss harte Steuergesetze in möglichst vielen Ländern geben, die genau festlegen, wie viel die Steuerflüchtlinge an Nachzahlung und an Strafe zahlen müssen, wenn sie geschnappt werden.

Mit den Steuern der Steuerflüchtlinge, allein in Luxemburg, Irland und den Niederlanden, könnte die EU manches Flüchtlings-Problem sehr großzügig lösen, anstatt die Armutsflüchtlinge im Mittelmeer ertrinken zu lassen.

Zusätzlich zur Einkommensteuer soll es eine generelle **Transaktionssteuer** geben: Aktienkäufe und Verkäufe, Kauf und Verkauf von Derivaten, alle finanziellen Bewegungen, die sich auf Finanzprodukte richten, auch der Hochfrequenzhandel, sollen mit einer Transaktionssteuer von 2% belegt werden.

Diese Transaktionssteuer ist von Börsen und Finanzdienstleistern einzukassieren und wird zur Hälfte an den Staat des Zahlenden und zur Hälfte an den Staat des Zahlungsempfängers überwiesen. Ist es in beiden Fällen der gleiche Staat, bekommt dieser beide Anteile. Das Aufteilen der Transaktionssteuer auf zwei Staaten ist ein Anreiz für alle Länder, sich dieser Regelung anzuschließen.

Wir wollen aber nicht nur das bewegte Geld steuerlich erfassen, sonder auch das fest angelegte, das in den großen Vermögen, das von Generation zu Generation weitergereicht wird. Wenn der Trend der Umverteilung nicht gestoppt wird, wird bald die halbe Welt mit allen großen Konzernen, Firmen und Immobilien, allen Rohstoffquellen und Agrarflächen, allen Wiesen und Wäldern, nur noch einer kleinen Schicht von superreichen Familien gehören, die den anderen Menschen alles weg kaufen. Das ist nicht nur eine akute Gefahr, sondern es hat längst schon begonnen und ist schon weit fortgeschritten, auch in unserer unmittelbaren Nähe.

Diesen Trend kann man aber nicht durch Einkommensteuer und Transaktionssteuer allein stoppen. Die Preisfrage lautet: **Was kann man tun, um die Vermögensverteilung zu ändern?**

An dieser Stelle könnte man eine vage These aufstellen, ähnlich wie die, man sollte den Kapitalismus abschaffen. Man kann sagen, wir brauchen grundsätzlich ein anderes Finanzsystem. Dem ist nicht zu widersprechen. Doch wie soll dieses System aussehen? Wer soll es einführen oder durchsetzen? Und wo, in welchem Land zuerst? Warten auf Godot?

Sofort handeln ist möglich. Wir können in das System eingreifen und zwar an der Stelle, wo seine größte Stärke liegt. Das ist die riesige verfügbare Geldmenge. Milliarden an Geld im Besitz einzelner Personen nutzen niemandem etwas, auch nicht den Besitzern. (Das sagte ich bereits.) Der Staat muss denen, die zu viel Geld haben, einen ansehnlichen Batzen wegnehmen, am besten, ohne, dass es weh tut, und ohne, dass es verwaltungstechnisch sehr kompliziert wird.

Das hört sich erst einmal illusorisch an, aber da kommt uns eine Tatsache entgegen, die in der Natur des Menschen liegt:

Der Mensch ist sterblich.

Jawohl, die Sterblichkeit des Menschen, oft beklagt, intensiv bekämpft, nie überwunden, ist für dieses Projekt der Finanzübertragung ein Segen; denn niemand kann seinen Reichtum aus dieser Welt mitnehmen, auch dann nicht, wenn sie oder er an das ewige Leben in einer jenseitigen Welt glaubt.

Jeder Mensch muss, wenn er das Zeitliche segnet, sein Vermögen in dieser Welt zurück lassen. Das heißt, der ganze Besitz ist dann anderweitig verfügbar. Und wieso sollen allein die nächsten Verwandten die Hinterlassenschaft bekommen oder irgendwelche vom Erblasser eingesetzten Personen oder Organisationen, Stiftungen oder ferne Nichten, Neffen und Erbschleicher?

Wäre es nicht eine sehr vernünftige Regel, wenn die Hälfte der Hinterlassenschaft an den Staat fällt? Schließlich hat niemand ohne Hilfe eines Staates (Schule, Ausbildung, Infrastruktur, Arbeitsmarkt, Sicherheit vor Diebstahl und Betrug) ein großes Vermögen aufbauen können. Es sei denn er hat alles nur geerbt und dann ist es ohne eigene Leistung auf ihn gekommen und sollte erst recht nicht unangetastet bleiben.

Die erste Lösung, Vermögen zu reduzieren, ist also eine sogenannte Erbschaftssteuer. Wie man hier schon erkennt, ist das gar keine Steuer, sondern eine **Vermögensabgabe** auf ein frei gewordenes Vermögen. Das Wort Steuer klingt für Liberale und von deren Denken Infizierte nur abschreckend. Besser klingt der Satz:

Der Staat erbt mit.

Um nicht zu sehr ins Abseits zu geraten, wollen wir **das Wort Erbschaftssteuer** jetzt noch beibehalten, wohl wissend, dass es eine Abgabe an die Allgemeinheit ist, auf ein Vermögen, das gerade seinen Besitzer wechselt und das jemand ohne eigene Leistung bekommen soll. Ein vernünftiger Vorschlag ist folgender: **50% Erbschaftssteuer auf jede Hinterlassenschaft.**

Davon ausgenommen sind natürlich Möbel, Hausrat und Gebrauchsgegenstände, die im einzeln keinen Wert von mehr als 5.000 Euro haben. Man soll sich nicht mit den Erben um ein paar Möbelstücke oder den Thermomix zanken. Nicht ausgenommen sind aber die Objekte einer Kunstsammlung, wertvoller Schmuck, mehr als eine Dame tragen kann, und riesige begehbare Kleiderschränke mit Roben und Accesoires, die man nur in St. Moritz braucht.

Für Immobilien und Firmenbesitz gilt folgende Regel: **Die Erbschaftssteuer kann auf 20 Jahre gestreckt werden**, zu zahlen von demjenigen, der diesen Teil übernimmt. Damit wird das beliebte Argument entkräftet, eine Erbschaftssteuer auf Firmeneigentum würde die Firma kaputt machen. Wenn eine Rate von 2,5% pro Jahr zu hoch ist, dann ist die Firma nicht wert, erhalten zu werden.

Man kann den Nachfolgern eventuell noch einen Aufschub von 5 Jahren zubilligen, bis sich die Erben eingearbeitet haben. Andererseits werden viele

Erben lieber gleich einen Batzen Geld bezahlen, damit sie den Staat vom Hals haben.

Als nächstes geht es um die üblichen Strategien zur Vermeidung von Erbschaftssteuer, wie sie oft und gerne konstruiert werden. Selbstverständlich sollen Schenkungen und Stiftungen, sobald sie gegründet werden, wie Erbschaften behandelt werden und müssen auf 50% der Summe verzichten, auch wenn sie gemeinnützig sind.

Der Staat ist noch viel gemeinnütziger als die Stiftungen, die Großgeldbesitzer gegen Ende ihres Lebens gründen, nachdem sie Jahrzehnte lang Steuern vermieden haben und unter dem Deckmantel der Wohltätigkeit weiter vermeiden wollen. Der demokratische Staat weiß genau, wo Hilfe am nötigsten ist, weil er aus Prinzip schon immer die Schwächsten unterstützt.

Zuletzt die Frage nach dem kleinen Häuschen der verstorbenen Oma, damit es nicht versoffen wird. Auch, wenn die Erben darin wohnen, soll auf ein Einfamilienhaus, über 20 Jahre verteilt, an den Staat die Hälfte des Wertes abgegeben werden. Andere Leute müssen Miete zahlen und der Staat unterstützt viele Menschen, deren Einkommen zu gering für Mietzahlungen ist.

Die Erbschaftssteuer ist deshalb bedeutend, weil sie eine angemessene Vermögensabgabe ist, deren

Fälligkeit man amtlich leicht erkennen, einigermaßen klar abmessen und auch durchsetzen kann. Sie trifft den Reichtum an der Stelle, wo der richtige Ansatzpunkt für Gerechtigkeit ist: Einkommen ohne Leistung aus Vermögen, das sonst immer weiter gereicht wird und die Chancengleichheit der Bürger untergräbt.

Mit den beiden Komponenten Transaktionssteuer und der **Beteiligung des Staates an der Hinterlassenschaft verstorbener Mitbürger** (Erbschaftssteuer) werden die Finanzen der Geldbesitzer eingegrenzt. Das sind aber nicht die einzigen Möglichkeiten, mit Steuern die Finanzmacht in ihre Schranken zu weisen. Dazu gibt es gleich weitere praktisch progressive Programme.

Es gibt mehrere Steuermodelle, die teils schon bestehen und nur variiert werden, teils auch neue Ideen, mit denen man in Finanzgeschäfte und finanzielle Privilegien eingreifen kann. Zunächst nur eine Übersicht, Genaueres in besonderen Kapiteln.

Umsatz-Quellensteuer

Eine Umsatz-Quellensteuer auf alle Umsätze (Verkaufserlöse), in Höhe von 3% wird sofort erhoben und später mit der Einkommensteuer verrechnet. Die Steuer wird nicht erstattet, wenn kein Gewinn da ist, das heißt, wenn der Gewinn in ein anderes Land verlagert wurde. Eine Umsatz-Quellensteuer verhindert die Steuerflucht und die Gewinnverschiebung in Steueroasen, praktiziert von globalen Konzernen wie Amazon, Alphabet-Google, Ikea usw.

Gestaffelte Mehrwertsteuer

Die Mehrwertsteuer lässt sich ganz einfach mit zwei Parametern in eine gestaffelte Mehrwertsteuer umwandeln: ein MWSt-Satz und ein Multiplikations-Faktor. Dadurch entsteht ein universelles Werkzeug für den finanziellen Anreiz zum Umweltschutz und zur Begrenzung von Fehlentwicklungen, z.B. Konsum von Luxusgütern oder von gesundheitsschädlichen Genussartikeln. Eine gestaffelte Mehrwertsteuer kann eine CO_2-Steuer beinhalten, indem man diese einfach in das System integriert.

Soziale Quellensteuer

Die Soziale Quellensteuer ist ein neue Idee, welche zum Nachteil von Sozial-Dumping und zu Gunsten der regulär im Inland mit Sozialabgaben Beschäftigten angewandt wird. Sie ist etwas kompliziert strukturiert, wird aber nur aus Daten berechnet, die in einer normalen Steuererklärung bereits enthalten sind, und ist daher im Zeitalter der Digitalisierung ein direkter Segen für den Sozialstaat.

Diese an der Quelle (an der Ladenkasse, ähnlich der MWSt) erhobene Abschöpfung, wird gegen die Vorsteuer gleicher Art verrechnet und außerdem, das ist der Clou, gegen die zu zahlenden Sozialabgaben. Wer seine Angestellten gut bezahlt und Sozialabgaben korrekt entrichtet, für den reduziert sich die Soziale Quellensteuer schnell auf null. Wer aus Billiglohnländern importiert oder nur Maschinen und Computer einsetzt, wird mit etwa 10% - 12% belastet.

Diese drei Steuerarten Unsatz-Quellensteuer, gestaffelte Mehrwertsteuer und Soziale Quellensteuer werden im dritten Teil ausführlich erläutert. Man kann sie in Zusammenarbeit mit Steuerexperten, Politikern und Parteien in konkrete Politik umwandeln.

Steuern verändern die Gesellschaft

Als die Mehrwertsteuer eingeführt wurde, war sie deutlich komplizierter als die vorherige Umsatzsteuer. Zur Ermittlung des Mehrwertes konnte die Vorsteuer, (das ist die beim Waren-Einkauf und beim Bezahlen von Rechnungen schon enthaltene MWSt) abgezogen werden. Trotzdem war die MWSt ein Fortschritt und ein Erfolg.

ALDI machte damals, als die Angst im Volk vor der MWSt groß war, Werbung mit folgendem

Spruch: Die Mehrwertsteuer kommt und ALDI senkt die Preise.

Das war logisch; denn man wusste, dass für einen besonders preisgünstigen Anbieter die MWSt geringer ausfallen würde als die Umsatzsteuer vorher. Die Umsatzsteuer besteuerte den Umsatz und wurde auch dann fällig, wenn jemand eine Ware ohne Gewinn weiterverkaufte. Das hemmte die Zirkulation in der Wirtschaft und daher war die Mehrwertsteuer für den Einzelhandel und Großhandel ein Fortschritt.

Das Vergnügen wird zu teuer

Für Gaststätten und Restaurants war es aber umgekehrt: Dort arbeitet man wegen der hohen Nebenkosten (Raummiete, Heizung, Beleuchtung, Musik etc.) und wegen der vielen Dienstleistungen des Personals (Kochen, Servieren, Toiletten, Reinigen) mit einer Verdienstspanne von mehreren hundert Prozent. **Ein Glas Bier** kostet mehr als ein ganzer Liter im Fass, weil der Service so aufwändig ist. Man muss dann aber die Mehrwertsteuer auf die Endpreise draufschlagen und kann nur relativ wenig Steuer aus dem Wareneinkauf absetzen. Die Mehrwertsteuer wird zum Aufschlag auf die Dienstleistungen, die außerdem mit Sozialabgaben stark belastet sind.

Ergebnis für die Kunden: Ein Glas Bier in einer Kneipe wurde durch die Mehrwertsteuer wesentlich teurer und das Flaschenbier im Laden wurde billiger. Mit jeder Erhöhung der Mehrwertsteuer wurde dieser Unterschied krasser. Es kommt soweit, dass für Wirte die Mehrwertsteuer höher ist als der eigene Gewinn. Sie arbeiten dann mehr für den Staat als für sich selbst.

An diesem Beispiel kann man deutlich sehen, wie das Steuersystem in die soziale Struktur und sogar in die Freizeitkultur eingreift. Heute sind gastronomische Angebote so teuer, dass viele (z.B. Studenten, die keine reichen Eltern haben) sich das nicht leisten können, sie stehen auf der Straße neben einem Kiosk mit Bierflasche in der Hand, besonders in der Hauptstadt Berlin. Das ist kein Fortschritt, sondern ein kultureller Rückschritt. Es lässt sich beheben durch eine gestaffelte Mehrwertsteuer.

Geplanter Betrug nach Maß

Was das bestehende System so kompliziert macht, ist die Berechnung der Einkommensteuer, die sogenannte Gewinnermittlung. Von den tatsächlichen Einnahmen können hunderte Posten abgezogen oder auch nicht abgezogen werden und diese Abzüge können vom Finanzamt überprüft werden oder auch nicht.

Da gibt es viel zu erklären und zu täuschen, falsch oder geschickt zu Verbuchen, abzuschreiben, zu verbergen und in manchen Ländern sind auch Beamte zu bestechen. Ein Heer von Steuerberatern und Steueranwälten im In- und Ausland lebt von diesen Vorschriften, also von den undurchsichtigen Nebenbedingungen, mit denen Politiker sich nie befassen.

Die meisten Politiker können deshalb auch keine Gewinne ermitteln, sie wissen nicht einmal Gewinne von Verlusten zu unterscheiden und glauben, Schulden seien ein wirtschaftlicher Anreiz.

Die Soziale Quellensteuer und auch die Umsatz-Quellensteuer haben **mit der Gewinnermittlung nichts zu tun**. Sie umgehen, wie die Mehrwertsteuer, das Dickicht der Bestimmungen und Steuertricks und sorgen dafür, dass der Staat und seine Bürger auch von den Global Players das bekommen, was ihnen zusteht. Quellensteuern und auch die Erbschaftsteuer sind von den komplizierten Bestimmungen für die Gewinnermittlung im Einkommensteuerrecht unabhängig.

Das Prinzip der Gewinnermittlung begünstigt sehr die internationalen Konzerne, also Firmen, die Betriebszweige und Abteilungen als einzelne juristische Personen in unterschiedlichen Ländern agieren lassen. Sie betreiben Steuerflucht durch Gewinnverlagerung. Das benachteiligt eindeutig den Mittelstand, lokale Firmen und deren Besitzer.

Der Mittelstand, das sind die Leute, die traditionell CDU und FDP wählen. Sie wurden von diesen Parteien verraten und verkauft, während die SPD das Heer der Geringverdiener geschaffen hat, die für Amazon, Paketzusteller und deren Subunternehmer schuften. Daher kommt der Witz von einer Gruppe „Sozialdemokraten in der SPD". Für diesen, leider nicht vorhandenen **Parteiflügel der SPD** könnte die Soziale Quellensteuer ein interessantes Programm sein.

Die Konzerne nutzen für sich aus, dass sie global aufgestellt sind, mit allen modernen Mitteln der Kommunikation und der Geld-Transaktionen, während jeder Staat erst einmal nur auf sein Territorium beschränkt bleibt. Globalisierung ist also im Interesse der internationalen Konzerne und noch mehr im Interesse der Finanzwirtschaft. Lobbyisten reden den Politikern ein, Globalisierung sei ein Wert an sich.

Steuertricks durch Vereinfachung vereiteln

Manchmal kann schon eine Vereinfachung gegen Steuerflucht helfen. Beispiel Lizenzgebühren: Die können vom Gewinn abgezogen werden. Mit diesem Trick verschieben hunderttausende Firmen in aller Welt Gewinne nach Delaware. Weil in diesem winzigen Bundesstaat der USA, aus dem der Präsident Joe Biden stammt, Lizenz-Einnahmen steuerfrei sind.

Eine sehr einfache Gegenmaßnahme kann diesen Steuertrick vereiteln, indem man sagt, **Lizenzgebühren** gehören zum Gewinn und sind steuerlich nicht mehr absetzbar,. So einfach ist das und es gibt dafür eine sehr gute Begründung:

Wenn ich ein Geschäft unter Lizenz mache, muss es so rentabel sein und die Gebühr so angemessen, dass ich die Lizenz von meinem versteuerten Gewinn abzweigen kann. Ist dies nicht der Fall, ist es entweder kein gutes Geschäft, oder der Lizenzgeber ist ein Halsabschneider oder es ist ein Steuertrick. **Ein Steuerschlupfloch wird durch Vereinfachung gestopft!**

Wer die Gesellschaft gestalten will, muss in das Steuersystem eingreifen. Alle Regierungen, Parteien und Repräsentanten, die das nicht wollen oder gar verhindern, sind nicht unsere demokratischen Vertreter, sondern Handlanger der Konzerne und der Finanzmacht. Es spielt dabei keine Rolle, welcher Partei sie angehören.

Es spielt aber eine entscheidende Rolle, von wem ihre Partei die Spenden bekommt.

2.2
Macht, Geld und Ohnmacht

Demokratie am absoluten Nullpunkt

Alle wollen Freiheit und Glück, die meisten wollen Gemeinschaft und Gerechtigkeit, viele wollen Vernunft und Gefühle, manche wollen Erkenntnisse, einige wollen nur ihre Ruhe haben.

Diese Wünsche sind in einer Demokratie erfüllbar, wenn man sich untereinander über das Maß und die Methode verständigt.

Aber einige wollen mehr: **Sie wollen Geld und Macht und Wachstum und Einfluss und dann noch Wohltätigkeit entfalten.**

Solche Wünsche müssen begrenzt werden. Wenn einer alle Macht hat, wenn wenige alles Geld haben, wenn das Wachstum nicht mehr gebremst werden kann, wenn der Einfluss weniger das Denken aller bestimmt, dann sind die meisten Wünsche, die alle anderen haben, nicht mehr erfüllbar.

Die Dinge, Personen und Einstellungen, die das Glück und den Ausgleich verhindern, sind leicht zu erkennen, aber warum werden die Hindernisse zum Glück der Mehrheit nicht beseitigt?

Fast alle größenwahnsinnigen Wünsche sind mit Geld und Finanzen verknüpft. Die Macht des Geldes und die Menge des Geldes sind überall auf der Welt in der letzten Zeit rasant gewachsen.

Die Finanzmacht ist zu stark geworden und sie muss von Staaten durch Gesetze und Steuern kontrolliert werden. Wenn der Staat das nicht tut, ist er zu schwach oder falsch organisiert oder es sind die falschen Leute an der Macht.

Mit Demokratie müsste es einfach zu regeln sein, weil ja die große Mehrheit betroffen ist, aber es geht jetzt schon 40 oder sogar 50 Jahre immer weiter in die gleiche Richtung der **Umverteilung nach oben** und der Finanzherrschaft über alles.

Dabei gibt es Ansatzpunkte, die Herrschaft der Finanzwelt zu brechen. Die riesige Geldmenge ist Basis der Übermacht. Sie wird reduziert, wenn Staaten ihre Schulden zurückzahlen und keine neuen Schulden mehr aufnehmen.

Außerdem müssen die riesigen Geldmengen im Besitz einzelner Familien und Oligarchen in Angriff genommen werden. Dazu eignet sich eine Beteiligung des Staates an der Hinterlassenschaft verstorbener Mitbürger in der Höhe von 50%, auch Erbschaftssteuer genannt, **eine humane und leicht durchsetzbare Abgabe**.

Für den Staat, der alle beerbt und nicht auf das Ableben bestimmter Personen warten muss, wirkt die Beteiligung des Staates an der Hinterlassenschaft verstorbener Mitbürger **sofort**.

Eine **Umsatz-Quellensteuer** verhindert, dass Konzerne den Gewinn in Finanzoasen verlagern.

Solche Schmarotzer-Staaten, die Steuereinnahmen anderer Staaten vereiteln, gibt es etliche auch innerhalb der EU: Luxemburg, Irland, Niederlande, Malta und Zypern. Sie nehmen den Ländern mit großer Bevölkerung, wie Deutschland, Frankreich, Italien, Spanien und Polen die nötigen Steuereinnahmen weg.

Indem diese Staaten Steuern durch einen niedrigeren Steuersatz oder durch einen Sondertarif an sich ziehen, gewinnen sie selbst weniger als sie den anderen wegnehmen. Das ist ein im höchsten Maße destruktives Verhalten.

Ein unbeackertes Feld der Möglichkeiten

Der Staat kann sich aus dem Griff der Finanzmacht befreien und das große Geld genau so kontrollieren, wie er auf die Löhne und Gehälter der normalen Bürger zugreift. Damit wird die Umverteilung nach oben gestoppt.

Da drängt sich die Frage auf:

Warum geschieht das alles nicht?

Die Antwort ist:

Weil die Politiker es nicht machen.

Diese Antwort ist unbefriedigend und banal. Es folgt gleich die nächste Frage:

Warum machen die Politiker es nicht, wir haben sie doch gewählt, damit sie unsere Interessen vertreten und nicht die Interessen der Finanzmacht?

Die Fragen werden immer besser, je näher wir an das Problem heran kommen. Eine genauere Frage ist folgende:

Wir glauben doch an die Demokratie und wählen unsere Repräsentanten. **Warum repräsentieren die Repräsentanten nicht unsere Wünsche und Forderungen** nach finanzieller Gerechtigkeit, Chancengleichheit und sozialem Ausgleich?

Diese Frage müssten Abgeordnete, Parteien und die Regierung beantworten, sie haben auch alle medialen Möglichkeiten dazu, aber sie geben uns keine befriedigende Antwort. Sie erlauben nicht einmal, dass wir ihnen solche präzisen Fragen direkt und persönlich präsentieren.

Also müssen wir die Systemfrage stellen:

Leben wir in einer Demokratie?

Wählerwille in Zahlen

Die Antwort lautet: Ja, wir haben Demokratie, aber nur an einem einzigen Tag.

Unsere repräsentative Demokratie funktioniert über Wahlen, die etwa alle vier Jahre abgehalten werden. Wir nehmen als Beispiel die deutsche Bundestagswahl:

Jeder hat zwei Stimmen, eine für die Kandidatin oder den Kandidaten im entsprechenden Wahlkreis und eine Stimme auf der Landesliste, wo sich Parteien zur Wahl stellen.

Wir wollen das Angebot der Kandidaten und die Wahl nicht inhaltlich analysieren und bewerten, sondern rein quantitativ. **Wie viel bewirkt meine Stimmabgabe bei der Bundestagswahl?**

In einem normalen Wahlkreis haben in der Regel nur zwei Kandidaten die Chance, gewählt zu werden. Früher waren das viele Jahre lang die Kandidaten von CDU und SPD.

Nach der Wiedervereinigung gab es Wahlkreise, in denen ein Kandidat der jetzigen Linken gewählt wurde und Hans-Christian Ströbele schaffte es als grüner Direktkandidat von einem berliner Wahlkreis in den Bundestag.

Zur Zeit haben Kandidaten der Parteien CDU, SPD, Grüne, Linke und AfD Chancen, die Mehrheit in einzelnen Wahlkreisen zu erringen. Aber in den allermeisten Kreisen sind es **höchstens zwei, für die eine echte Chance besteht**.

Die meisten Wähler im Freistaat Bayern haben dagegen gar keine Chance, mit der Erststimme ihren Wählerwillen zu bekunden. Die CSU entscheidet über den Parlamentssitz, indem sie die Kandidaten aufstellt. Bei der Wahl 2017 war es **keine einzige Frau!** Wer in Oberbayern nicht den CSU-Kandidaten gewählt hat, dessen Erststimme war bereits verloren. Es ist so, als wenn sie oder er dort gar nicht gewählt hätte.

Die wenigen Wahlkreise im Bund mit drei oder vielleicht sogar vier Wahlmöglichkeiten werden in der Statistik unterdrückt durch sehr viele, in denen **nur eine einzige Person eine Chance hat**, wo also für die Wählerinnen und Wähler gar keine Wahlmöglichkeit besteht.

Der Wählerwille als Information

Es ist also keine negative Annahme, wenn wir sagen, im statistischen Mittel, über das ganze Land, gibt es pro Wahlkreis **zwei Möglichkeiten** für die Abgabe der Erststimme. Die Stimmabgabe entspricht der Auswahl von einer aus zwei Möglichkeiten. Das ist eine Information über den Wählerwillen und eine **Informationsmenge von 1 Bit**.

So ist 1 Bit definiert, als die geringste mögliche Information, die Aussage über eine einfache Alternative: Ja oder nein, Tag oder Nacht, bei digitalen Prozessen 0 oder 1.

Die Wählerin und der Wähler gibt mit der Wahl einer Direktkandidatin also **im Schnitt** die Informationsmenge von einem Bit von sich. Das ist die Information über den Wählerwillen, quantitativ ausgedrückt in einer Zahl.

Eine zweite Stimme wählt die Partei. Diese Stimme gilt für die Landesliste. Alle Parteien, die 5% oder mehr Stimmen erhalten, bekommen Sitze im Bundestag.

Was bedeutet das **quantitativ** an Information, als Ausdruck des Wählerwillens?

Wenn wir annehmen, dass maximal acht Parteien in einem bestimmten Bundesland eine Chance haben, über die 5% Hürde zu kommen, dann machen wir auch hier keine ungünstige Annahme. (Meistens sind es deutlich weniger als acht Parteien.) Die Auswahl von 1 aus 8 entspricht der **Informationsmenge von 3 Bit**.

Erklärung: Das Erste Bit sagt, ich nehme die untere Hälfte der 8 Möglichkeiten: 1 bis 4. Das zweite Bit wählt die obere Hälfte, 3 und 4. Und das dritte Bit wählt die 3. So kann man mit 3 Bit jede Zahl aus 8 bestimmen.

Aus diesen Zahlen, 1 Bit für Direktkandidaten, 3 Bit für die Liste, lässt sich erkennen, dass die **Zweitstimme mehr bewirkt** als die Erststimme. Wenn wir beide Stimmen korrekt ankreuzen, geben wir 1 Bit für die Kandidaten und 3 Bit für die Parteien von uns. **Das sind insgesamt 4 Bit an Information.**

Diese Informationsmenge gilt aber für vier Jahre! Also ist der Informationsfluss von den Wählern zum Parlament und damit zum gesamten folgenden Entscheidungsprozess **1 Bit pro Jahr**.

2.3
Demokratie im 21. Jahrhundert
Ein Bit pro Jahr gegen Millionen Megabytes

Vor etwa hundert Jahren hatte das Medienzeitalter schon begonnen: Tonträger, Film, Rundfunk, Fernsehen und zuletzt kam das Internet. Wir sind seit den Anfängen einer ständig steigenden Informationsflut von unvorstellbarer Menge ausgeliefert: **Daten, Nachrichten, Unterhaltung und Meinungen**.
 Es ist das Gesündeste für die gestresste Psyche, wenn wir nur einen winzigen Bruchteil davon an uns heran lassen.

Die Informationsmenge, die durch unsere Datenleitungen und über den Äther auf uns einströmt, ist nicht unendlich, aber auch nicht wirklich messbar, wir wollen sie nur sehr grob abschätzen. Es genügt, dass wir die Maßeinheit zur Kenntnis nehmen, sie heißt Megabyte pro Sekunde. Mega bedeutet Millionen und ein Byte sind 8 Bit. Also **8 Millionen Bit pro Sekunde.**
 Die Einheit des Informationsflusses aus Rundfunk, Fernsehen oder auch von Youtube über die Datenkanäle ist Megabyte pro Sekunde und das Jahr hat mehr als **30 Millionen Sekunden**. Die technisch erzeugte Datenmenge liegt also pro Jahr im Bereich von 30 Millionen Megabyte, ein Byte hat 8 Bit, also multiplizieren wir das alles:

30 x 8 = 240 Millionen x Millionen Bit, das sind 240 Billionen, in Ziffern:

240.000.000.000.000 Bit pro Jahr.

Das ist nur die Größenordnung der Maßeinheit Megabyte pro Sekunde, die wirkliche Datenflut, die in unsere Büros und Wohnzimmer strömt, ist davon ein Vielfaches.

Wir geben als Wähler **1 Bit pro Jahr** von uns. Diejenigen, die uns über technische Medien erreichen, sind **240 Billionen mal stärker**. Das ist zwar unvorstellbar und auch nicht genau, aber es erlaubt eine klare Aussage:

Die technischen Medien, die sich in den letzten 100 Jahren entwickelt haben, haben die Methode der Willensäußerung in einer Wahl, mit dem Ankreuzen von zwei Feldern, für einen Direktkandidaten und eine Partei, zu einer Farce gemacht.

Die Informationen, die über technische Medien von den Gewählten und den darauf folgenden höheren Repräsentanten auf uns einströmen, sind so viel mächtiger, dass die Information über den Wählerwillen, **schon rein quantitativ**, nichts bewirken kann, egal, was wir denken, sagen, was wir wollen oder ankreuzen.

Die Stimmabgabe kann das Geschehen, das weiterhin stattfindet, unmöglich beeinflussen, weil es **keinen messbaren Impuls** als Ausdruck des Wählerwillens auf das Geschehen in diesem System gibt. Es gibt nur einen Glauben daran, dass eine Wirkung möglich ist, vergleichbar mit dem Glauben an die Wirkung homöopathischer Mittel in millionenfacher Verdünnung. Möglich ist es und der Glaube besteht.

Egal, was man uns erzählt oder vormacht, wir entscheiden aber nichts. Wir werden nur tagtäglich von einer Medienflut mit den Entscheidungen von Entscheidungsträgern überschüttet und quantitativ überwältigt, so dass wir uns der schweigenden Zustimmung nicht entziehen können.

Alle Ohnmacht geht vom Volke aus.

Ist das trotzdem noch Demokratie?

Die Wahl ist ohne Zweifel ein Element der Demokratie.

Was ist das Ergebnis?

Das Ergebnis der Wahl wird uns am Wahlabend im Fernsehen vorgeführt:

Man zeigt uns das vorläufige Wahlergebnis in einem **Torten-Diagramm** mit den prozentualen Stimmenanteilen aller Parteien und eventuell ein sehr ähnliches Torten-Diagramm über die Sitzverteilung im Bundestag. Das Ergebnis der Wahl ist: Die Sitzverteilung im Bundestag hat sich leicht verändert. Manchmal ist eine Partei verschwunden und eine andere ist (wieder) hinzu gekommen.

Diese Präsentation der Wahlergebnisse dauert einen ganzen Abend, jeder kennt den Ablauf. Wir sind erregt und vielleicht ein wenig zufrieden, die Politiker sind sehr erregt und sehr zufrieden. Das endgültige Endergebnis bringt vielleicht noch ein paar kleine Abweichungen und dann ist die Demokratie für die Wählerinnen und Wähler zu Ende. Die Demokratie endet am Wahlabend. Auf alles, was dann folgt, haben die Wähler keinen Einfluss mehr und das geht so vier Jahre lang, bis die nächste Bundestagswahl stattfindet und uns eine neue Sitzverteilung präsentiert wird.

Im Medienzeitalter, und es existiert seit hundert Jahren, besteht die Demokratie aus einer Urnenwahl, eventuell einem Torten-Diagramm und einer großen Demokratie-Schau, die an jedem Tag des Jahres, z.B. im Fernsehen, stattfindet, in der uns mit der größten Selbstverständlichkeit **immer wieder versichert wird**, dass es sich bei dem Geschehen auf der politischen Bühne um Demokratie handelt.

Wir werden von Repräsentantinnen der von uns gewählten Repräsentanten und von Repräsentanten der Repräsentantinnen der von uns gewählten Repräsentanten mit ihren Informationen, Meinungen, Anweisungen und Rechtfertigungen vier Jahre lang überflutet und bearbeitet, überzeugt und oft enttäuscht, weil sie nicht machen, was wir gewollt hätten, wenn man uns gefragt hätte.

Das alles ist nicht verwunderlich, es ist das System der Repräsentativen Demokratie unter den Bedingungen des Medienzeitalters.

So sieht die die Demokratie im 21. Jahrhundert aus, eine mediale Veranstaltung nach dem Stand der Technik. Mit einem realen Element, das alle vier Jahre eine leichte Veränderung der Konstellation bewirkt. **Es ist eindeutig Scheindemokratie**. Sie funktioniert als Medienereignis, weil die Medien uns das als Demokratie präsentieren und die Behauptung, dass es Demokratie sei, ständig wiederholen.

Das funktioniert so wie die Lehren der Kirchen und Religionen, die einem von Kind an durch ständige Wiederholung eingeimpft werden: Gott hat die Welt erschaffen. Jesus ist von den Toten auferstanden. Der Koran ist das Wort Gottes. Jesus und Mohammed sind in den Himmel aufgefahren und kommen wieder zum Gericht über uns.

Mandate für Juristen

Aus der Sicht der Politiker sieht das alles ganz anders aus: Sie haben ein Mandat, das ist das Ticket, das sie benutzen und als Joker für alles verwenden, was sie entscheiden. Die Mitglieder des Bundestags sagen, wenn man sie fragt, sie hätten ein Mandat der Wählerinnen und Wähler, die an der Wahlurne abgestimmt haben. In Wirklichkeit haben sie das Mandat überwiegend von der Partei.

Die Fraktionsvorsitzenden haben dann ein Mandat von den Abgeordneten ihrer Partei und die Parteivorsitzenden ein Mandat des Parteitags. Die

Parteitags-Delegierten haben das Mandat einer lokalen Parteiversammlung.

Wenn die Koalitionsverhandlungen hinter verschlossenen Türen stattfinden, ist die Legitimation kaum noch mit der Lupe erkennbar. Aus diesen Koalitionsverhandlungen gehen dann aber die nächste Regierung und ein Koalitionsvertrag für die nächsten vier Jahre hervor.

Die Ergebnisse werden, wenn sie die Form von Gesetzen annehmen, nachträglich vom Parlament bestätigt. Eine demokratische Legitimation durch die Wählerschaft ist **nur theoretisch** noch vorhanden. Deshalb wird im Parlament so vieles beschlossen, was die Mehrheit der Bürger nicht will, sogar **Kriegseinsätze, Aufrüstung und riesige Schulden für die folgenden Generationen**.

In den Parteien, die das alles verantworten, herrscht wenig Transparenz und noch weniger interne Demokratie.

Die politische Partei als Organisationsform stammt aus der Zeit, ehe das Automobil erfunden wurde. Seither gab es manchen Fortschritt in der Kommunikationstechnik, der am Modell der Partei vorbei gegangen ist.

Schließlich hat die Regierung ein Mandat von unterschiedlich legitimierten Mandatsträgern, also den Parteigrößen, die ihr Mandat teilweise vom Parteitag und teilweise von den Abgeordneten haben, die zu einem kleinen Teil von der Wahl der Wählerinnen und Wähler abhängen.

Mit jeder Stufe, in der nach oben delegiert wird, wird das Mandat mehr und mehr eine rein juristische Legitimation. Mit dem Willen der Wähler hat es dann nichts mehr zu tun. **Juristisch korrekt, demokratisch nahezu gleich null.**

Und das merkt man auch deutlich. Nur nicht in den Nachrichten und Kommentaren der Medien, wo die **Wähler nur als Publikum** wahrgenommen werden. Inzwischen kann die Groko-Regierung einfach in das Parlament hinein regieren und an einem einzigen Tag ein Gesetz durchdrücken, das dann im Fernsehen und im Rundfunk uns allen als unser demokratisch gewolltes Gesetz verkündet wird.

**Das ist die Spur
einer Diktatur.**

Geht es vielleicht noch undemokratischer?

Jawohl, es geht noch krasser und zwar auf der Ebene der EU. Dort sind vier Gremien, die etwas zu sagen und zu entscheiden haben. Drei davon werden nur von den Regierungen der 27 Länder bestückt. Die Mitglieder dieser drei EU-Gremien sind dann bestenfalls die Delegierten von Delegierten von Delegierten.

Die Buchstabenfolge **EU** bedeutet, in deutscher Sprache:
Europa Undemokratisch oder Europäische Uneinigkeit. Das kann sich jeder aussuchen. Eine Union Europas gibt es bisher nicht.

Die Europäische Uneinigkeit

Die Konstruktion der EU ist so kompliziert, dass sie selbst im Wahlkampf für das Parlament oder bei der Wahl der Kommissionspräsidentin oder in der Zeit der deutschen Ratspräsidentschaft nicht öffentlich zur Sprache gekommen ist. Das ist kein Wunder es ist ein Thema für Doktorarbeiten.

Hier nur das Wichtigste in Schlagzeilenform:

Die Europäische Union ist keine Union, sondern sie ist sehr, sehr, sehr weit entfernt von einer Union (in dem Sinne wie USA oder die ehemalige Union der sozialistischen Sowjet-Republiken). Die EU hat nicht einmal das Ziel, eine Union zu werden, was sie **vor fünfzig Jahren** einmal hatte.

Die EU (Europäische Uneinigkeit) wird gesteuert von vier Gremien, von denen drei gleichberechtigt die **Regierungen** repräsentieren:
Die Kommission
Der Rat der Europäischen Union (Ministerrat)
Der Europäische Rat (Gipfeltreffen der Regierungs-Chefs).

Das bedeutet, in drei von vier Gremien haben **Malta und Zypern** das gleiche Stimmrecht wie Deutschland, Frankreich, Italien, Spanien oder Polen. Die Bürger der bevölkerungsreichen Länder werden in drei von vier Gremien wie Ameisen behandelt, sie zählen nicht.

Das einzige demokratische Element der EU ist das Europäische Parlament. Aber auch das ist eine Namenstäuschung. Es heißt Parlament, ist aber kein Parlament, darum wird es ab jetzt hier nur EP genannt.

Ein Parlament wählt die Regierung. Das EP wählt nicht die Kommission, welche der Regierung der EU entspricht. Ein Parlament entscheidet über den Haushalt. Das EP darf nur zustimmen. Ein Parlament macht Gesetzesvorschläge und entscheidet darüber. Das EP macht nicht die Gesetzesvorschläge und wird an Entscheidungen nur beteiligt.

Die Funktion eines Parlamentes ist in der Regel klar und eindeutig, die Funktion des EP ist oft ungeklärt und schwer zu durchschauen.

Es scheint, das EP hat die Funktion, der EU einen Anstrich von Demokratie zu geben. Auch im EP sind die Bürger der EU nicht gleichberechtigt. Eine Bürgerin Maltas hat soviel Gewicht wie acht Deutsche.

Die nationalistische Internationale

Dadurch, dass drei Gremien von den Regierungen der 27 Nationalstaaten beschickt werden, haben nationale Interessen in der EU ein strukturelles Übergewicht. Das haben die zuletzt mit der Osterweiterung hinzu gekommenen Staaten zuerst erkannt und nationalistische Kräfte dort haben es in Brüssel konsequent ausgenutzt. Die EU begünstigt durch ihre Struktur den Nationalismus in Ungarn, Polen, Tschechien und in der Slowakei. Andere werden folgen.

Das ganz besonders Entscheidende, was immer wieder deutlich zu Tage tritt, aber nur durch genaue Kenntnis der sehr komplizierten Bestimmungen und Praktiken des Ministerrats zu verstehen, das ist folgende traurige Tatsache:

Die EU ist in wichtigen Fragen strukturell beschlussunfähig. Sie tut so, als könnte sie in der Welt mitreden, aber jeder Insider weiß, dass die Stellungnahmen nicht in Taten umgesetzt werden können, weil den Ankündigungen keine Beschlüsse folgen.

Beschlüsse werden fast ausschließlich durch Kungelei hinter verschlossenen Türen und mit gegenseitigen Zugeständnissen erreicht. Dabei ist meistens sehr viel Geld im Spiel und dieses Geld wird seit den Zeiten von Helmut Kohl von der deutschen Regierung als Schlüssel zur Einigung eingesetzt. Bei jeder Einigung der EU sollte man sich fragen: **Wie viel kostet das?**

Last not least: Die EU dient den Regierungspolitikern als universelle Ausrede für Untätigkeit und Misserfolg. Zu wenig Impfstoff? Die EU ist schuld. Keine konsequente Klimapolitik? Die EU ist schuld. Amerikanische Dominanz trotz innerer Schwäche Amerikas? Die EU ist schuld. Keine Steuergerechtigkeit? Die EU ist schuld.

Die Schiedsrichter spielen mit im Spiel

Die demokratischen Möglichkeiten der Einflussnahme schwinden und die Selbstgefälligkeit und Willkür der Repräsentanten nimmt von unten nach oben zu: Parlament, Fraktionsspitze, Parteispitze, Regierung, EU. Meinungen und Argumente werden von oben nach unten durchgedrückt. Kritik von unten nach oben kommt nicht hoch. Weil das systematisch so funktioniert, entfällt eine offene Diskussion und Fehler werden nicht korrigiert.
Die Selbstgefälligkeit der Politiker ist systembedingt, weil sie kaum einer Kontrolle unterworfen sind. Ganz banal ausgedrückt: Es ist oben viel angenehmer und einfacher als unten, so dass jeder, der oben ist, nach einiger Zeit sich selbst überschätzt.
Selbstüberschätzung basiert zum großen Teil

darauf, die Privilegien und die Vorteile, die man hat, auf eigene Leistung zurück zu führen.

Jetzt kommt noch eine Entwicklung hinzu, die sich erst in den letzten 20 Jahren deutlich bemerkbar gemacht hat: **Die Medien** bzw. die Journalisten sehen sich nicht mehr als Kritiker und Korrektoren der Politik, sondern als Kommentatoren, oft auch als Sprachrohr und sie bekräftigen gerne die Aussagen, die von der Regierung kommen, verallgemeinern sie, erläutern und füttern sie mit Argumenten oder Beispielen.

Langeweile, Alternativlosigkeit und **Resignation** breiten sich aus. Opposition findet nicht statt, weder im Parlament noch in den großen Medien noch in den Köpfen.

Demokratie besteht nur noch darin, dass alle vier Jahre die Karten neu gemischt werden. Allerdings sind es zu 90% immer die gleichen Karten und deshalb ist das Ergebnis für die meisten Politikerinnen und Politiker nicht furchterregend. Trotzdem schielen viele ständig auf die Gunst der Wähler. Einige sind immer im Wahlkampf-Modus.

Dieses Phänomen nennt man **Populismus**. Der Begriff wird von den Journalisten aber nicht auf die Regierenden angewandt, wenigstens nicht auf die im eigenen Land Regierenden. Die Medien bezeichnen als Populisten nur Oppositionelle im Inland und Regierende im Ausland.

Journalisten gehen mit der eigenen Regierung kumpelhaft um. Der Konformismus aller großen Medien, besonders der Sendeanstalten, verhindert politische Bewegung und eine Strategie gegen die Herrschaft der Finanzmacht. Die Medien sind neben der Politik zur Hauptursache dafür geworden, dass so wenig praktische Vernunft herrscht und die echten Probleme (Finanzmacht, Umwelt, Klima, Demokratie-Defizit) nicht wirklich angepackt werden.

Die Kommunikationsmedien haben ihre letzte große Umwälzung durch das Internet erlebt. Diese Revolution ist noch nicht zu Ende, wie sie ausgeht, bestimmen wir alle mit.

Wenn es um die Orientierung durch Information von außen geht, dann sind Medien und ihre Beurteilung das schwierigste geistige Problem.

Die Massengesellschaft bringt es mit sich, dass Massenmedien unser Bewusstsein steuern. Trotz der Informationsflut verbergen sie aber viele Dinge, zum Beispiel, wie das Geldsystem funktioniert und wie das Geld die Welt beherrscht.

2.4
Gestörte Bilder der Wirklichkeit
Ein Schritt vor und hinter die Sonne

Die Wahrnehmung über Medien ist nicht ganz zuverlässig, weil sie indirekt erfolgt. Das ist so, weil ein Medium immer auf einer Darstellung beruht (sprachlich, bildlich, technisch, digital). Die Sprache ist das erste Medium, das der Mensch erfunden hat, und jeder weiß, dass seitdem die Möglichkeit der Lüge besteht. Sprache und die Möglichkeit der Lüge sind untrennbar miteinander verbunden. Ähnliches gilt auch für alle anderen Medien. Medien können täuschen und werden häufig zur Täuschung benutzt, weil die Täuschung einfach ist.

Vieles, was wir eigentlich wissen wollen, ist nur bruchstückhaft erkennbar und wir müssen und können das im Kopf zusammensetzen. Dabei sehen wir oft nur Fragmente, besonders dann, wenn uns Informationen vorenthalten werden.

Das soll hier an einem einfachen optischen Beispiel vorgeführt werden: Also, was erkennst du auf dem folgenden Bild?

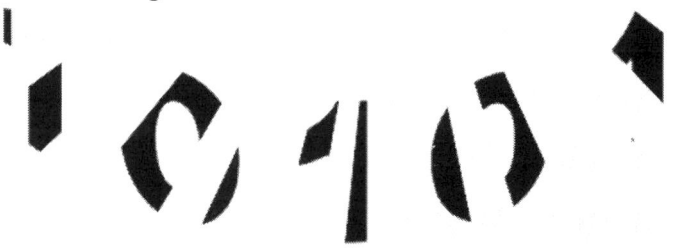

Die Antwort einer unvoreingenommenen Person lautet: Nichts Bestimmtes. Ich kann das Bild nicht deuten.

Es handelt sich um eine Schrift, die teilweise überdeckt ist. Die Abdeckung ist aber unsichtbar. Wenn man jedoch die Abdeckung der Schrift sichtbar macht, geschieht etwas Erstaunliches:

Man erkennt die Schrift im Hintergrund, die durch ein Muster von Streifen überdeckt wird und kann auf einmal im Kopf die Zeichen ergänzen.

Es handelt sich um die Ziffernfolge 10101.

Was bedeutet das? Wenn ich die Struktur erkenne, die meine Wahrnehmung verhindert hat, erkenne ich auch das, was dahinter liegt und mir verborgen blieb. **Ein erstaunlicher Effekt.**

Wenn ich weiter denke, ergibt sich im System dualer Zahlen die Zahl

10101 = 21 im dekadischen System. Es könnte eine Jahreszahl sein.

Erkennen durch Ergänzung

Indem wir die Strahlen sehen, welche die Schrift überdecken, haben wir die Schrift erkannt, obwohl sie immer noch genau so überdeckt ist. Dieses Phänomen lässt sich verallgemeinern:

Wenn du in einer Darstellung den Zusammenhang von Bildern und Ereignissen nicht verstehst, weil sie überdeckt oder verschwiegen werden, oder ganz allgemein, weil sie teilweise für dich unsichtbar sind, dann kann es helfen, wenn du das Muster erkennst, das die Unsichtbarkeit bewirkt.

Das Gehirn hat die Fähigkeit, auf diese Weise unvollständige Wahrnehmungen oder Darstellungen zu ergänzen. Das gilt besonders dann, wenn eine Struktur oder ein Muster die Wahrnehmung verhindert hat. Wenn wir das jetzt wissen, ist es bei unvollständigen, rätselhaften Informationen sinnvoll, zu fragen, ob uns nicht systematisch etwas verborgen wird.

Dieses Denkmuster erklärt uns einige Rätsel in der Finanzwelt: Warum steigen die Aktien, obwohl die Wirtschaft schwächelt? Wieso kann eine Firma an der Börse erfolgreich sein, die noch nie einen Gewinn abgeworfen hat? Warum nehmen die allergrößten Vermögen so rasant zu, obwohl die Besitzer keine wirtschaftlichen Aktivitäten entfalten?

All diese Fragen, die uns rätselhaft zurück lassen, sind auf einmal logisch zu beantworten, wenn wir eine uns bisher verborgene Information hinzu nehmen. Es ist die, dass **die Geldmenge viel zu groß** ist, dass diese Geldmenge alles reale Geschehen überlagert und dass es Probleme mit zu viel Geld gibt und nicht nur Probleme mit zu wenig Geld.

Wir wissen ja, dass Geld systematisch verborgen wird. Das gilt im Kleinen wie im Großen. Deshalb bleiben uns die riesigen Geldmengen im Besitz der Finanzwelt verborgen. Aber sie existieren mit Sicherheit, kein Experte zweifelt daran, nur der allgemeinen Öffentlichkeit ist das nicht bekannt. Den meisten Menschen ist es nicht bewusst, weil es (mit Absicht?) nicht öffentlich gemacht wird.

Und jetzt, unter der Prämisse der verborgenen Geldmenge, die alle fassbaren Werte übersteigt, die aber bestimmten Leuten frei zur Verfügung steht, damit können wir erklären, warum die Aktien immer steigen, warum der Börsengang von Facebook, Amazon oder Tesla so gierig aufgenommen wurde und warum die Mieten in München, Hamburg und Berlin nach oben gehen.

Die Mieten steigen, weil das überschüssige Geld auf den Markt drängt und die Preise für Immobilien als sichere Geldanlage, besonders für große

Wohnhäuser in Metropolen, in die Höhe treibt. Die Mieten folgen dann bald nach.

Gedanken im luftleeren Raum

Doch Vorsicht! Die Vorstellungskraft beim Aufstellen von Thesen und Legenden ist enorm und man hat kaum ein Problem, sich dabei von der Realität zu entfernen. Der Vorrat an rätselhaften Phänomenen ist nahezu unendlich und fordert viele dazu heraus, die Dinge mit Thesen zu erklären, die **leicht zu denken aber nicht zu beweisen** sind.

Prophetische Geister, Esoteriker und Phantasten haben eins gemeinsam, das Talent, rätselhafte Wahrnehmungen durch Aufdeckung verborgener Geheimnisse zu erklären. In unserem Beispiel mit der Zahl 10101 hätte man das Bild auch weiter ergänzen können:

Da ist jetzt nicht nur ein Strahlenmuster, sondern das **Symbol einer Sonne**. Dieses Bild ist verlockender als das, welches nur die Strahlen ohne Zusammenhang zeigte. Ein passender Slogan dazu lautet: Die Sonne bringt es an den Tag. Und im nächsten Schritt, haben wir nur noch die Sonne im Kopf und versuchen, sie als Erklärung für viele andere Wahrnehmungen zu deuten.

Bis zur Sonne als Gottheit ist es noch ein weiter Weg, aber mit den nötigen Ausschmückungen durch Priester und Gelehrte ist der Glaube an einen Sonnengott eine plausible Religion.

Die Kriminalistin in uns allen

Was können wir daraus lernen? Verstreute Wahrnehmungen von Ungereimtheiten zu deuten, indem wir etwas erkennen, was den Überblick verhindert, ist, wie wir an dem Beispiel der Geldmenge gesehen haben, durchaus eine Methode, der Realität näher zu kommen. Das Muster, das die Gesamtschau verdeckt, ist nicht reine Phantasie, sondern mit einer gewissen Wahrscheinlichkeit ist es Realität und diese Art der Erkenntnis ist keine Phantasterei, sondern so etwas wie Kombinatorik, eine erstaunliche, unbewusste, Leistung unseres Gehirns.

Das Ergebnis ist plausibel. Es besteht dann die Möglichkeit, dass jemand die Struktur der verborgenen Strahlen, welche die Erkenntnis ermöglicht hat, in Gedanken weiter ergänzt. In unserem Beispiel geschah das durch das Bild von der Sonne.

Dieses Ergänzen der Struktur birgt aber schon eine Gefahr; nämlich die, das nicht Wahrgenommene weiter auszumalen, es auszubauen und ihm eine tiefere Bedeutung zu geben, die nicht vorhanden ist.

An dieser Stelle ist der Ansatzpunkt nicht nur für Religion, sondern für Esoterik und für etwas, das man als Verschwörungstheorie bezeichnet. Es ist ein Bereich, in dem es schwer ist, Grenzen zu ziehen. Die Spekulationen sollten aber da enden, wo kein klarer Zusammenhang mit direkten Beobachtungen mehr besteht oder nicht gefunden werden kann. Oder die Spekulationen sollten als Phantasie (in Satire, Literatur und Kunst) erkennbar sein.

Theorie der Verschwörungstheorie

Auf der anderen Seite ist es unfair, jede plausible Hypothese über verborgene Strukturen gleich als Verschwörungstheorie zu disqualifizieren. Damit macht man das Verheimlichen von Tatsachen und die Tarnung von Manipulationen sehr einfach.

Menschen, die sich Gedanken über mögliche Hintergründe von unzusammenhängenden Ereignissen machen, werden als Verschwörungstheoretiker bezeichnet, besonders, wenn sie den offiziellen Darstellungen widersprechen und bisher absichtlich verheimlichte Tatsachen oder Möglichkeiten offen legen.

Über die Grenzen der Wahrnehmung lässt sich mit Gewinn diskutieren und am Ende auch verständigen. Die Feststellung, was Realität ist, erfordert offene Kommunikation. Niemand kann alleine bestimmen, was Wahrheit und was Wirklichkeit ist.

Wir könnten das Thema Verschwörungstheorie am Beispiel der **Ermordung** von John F. Kennedy aufrollen.

Die merkwürdigen Einzelheiten, die anhand von Film und Zeugenaussagen dokumentiert sind, weisen darauf hin, dass die offizielle Version von dem einen Schützen, der später selber ermordet wurde, nicht stimmen kann, sondern dass es mehrere Täter gab und dahinter wahrscheinlich einen verborgenen Plan. Mit dieser These sind die Ungereimtheiten der isolierten Wahrnehmungen erklärbar.

Viel mehr lässt sich leider nicht sagen. Für weitere Spekulationen und Theorien gibt es viel Raum und der weitet sich mit jeder Spekulation und dem zeitlichen Abstand immer weiter aus. Das meiste lässt sich nicht beweisen und auch nicht widerlegen. Diese Situation ist unbefriedigend.

Die Realität ist aber so mangelhaft:
Man hat weniger Information, als man gerne hätte und mehr Information ist nicht zu bekommen. Viele Menschen können sich damit nicht abfinden und begeben sich lieber auf das Feld der Behauptungen, Meinungen und Spekulationen. Man erkennt das oft an den Formulierungen, die auch gerne von oben kommen: Die Regierung geht davon aus, dass... Aus gut informierten Kreisen verlautet... Unsere Recherchen haben ergeben... Der Polizeibericht spricht von... **Der umstrittene Autor behauptet...**

Niemand sollte das alles für bare Münze nehmen, was direkt als Behauptung erkennbar ist, insbesondere dann nicht, wenn die Gültigkeit der Meinung bestimmter Personen durch ihre höhere Stellung in einer Hierarchie begründet wird.

Politik der Desinformation

Ein aktuelles Beispiel für die Wahrnehmung von Ungereimtheiten in den offiziellen Medien sind die zahlreichen Meldungen über Russland und China, welche diese Staaten abwerten. Sie werden als totalitär bezeichnet und ihre Regierungen werden Regime genannt, die nicht unsere westlichen Werte vertreten. (Warum sollten sie auch?)
Viele Punkte resultieren auf dem enormen **Größenunterschied** zwischen den Ländern. China

hat mehr als **15 mal so viele Einwohner** wie Deutschland, Russland ist **48 mal so groß**! Das erfordert andere Methoden, um zu regieren und zu organisieren. Wie das im Einzelnen geschieht und welche anderen Denkmuster es erfordert, können wir kaum beurteilen und auch die umher reisenden Journalisten können das nicht.

Es wird von einem Expansionsdrang Russlands geredet (Annektion der Krim) und von dem totalitären Regime in China, das westliche Menschenrechte missachten soll, das seine Bürger digital verfolgt. Da ist vielleicht etwas dran. Dann wird das aber weiter gesponnen, als wenn Dinge, die uns dort nicht gefallen, uns hier irgendwie bedrohen könnten, schon dann, wenn eine Gasleitung durch die Ostsee gelegt wird. So entsteht die **These einer Feindschaft**.

Der Unterschied zu einer Verschwörungstheorie besteht nur darin, dass die Theorie der Feindschaft Russlands oder Chinas von offizieller Stelle, von den USA und von den großen Medien vertreten wird.

Besonders auffallend ist immer die Häufung solcher Narrative und das macht uns skeptisch. Viele Journalisten können ohne eine kleine Hetze gegen Moskau und Peking gar nicht zu Wort kommen. Der SPIEGEL ist dafür ein gutes Beispiel. Daraus lassen sich Schlüsse auf verborgene Befehls-Strukturen oder vorauseilenden Gehorsam ziehen. Mit so einer Hypothese passen die Merkwürdigkeiten dann auf einmal zusammen.

Den Zusammenhang der Sticheleien gegen Russland und China liefert ein verborgenes Muster der amerikanischen Außenpolitik. Die USA wollen immer weiter in die Welt vordringen, so wie sie vor 200 Jahren in den nordamerikanischen Kontinent (den Wilden Westen) vorgedrungen sind. Obwohl sie in Kalifornien am Pazifik ankamen, wollen sie weiter westwärts. Und, weil die Erde rund ist, müssen sie nach Ostasien vordringen, wo zwei große Staaten existieren, die sich ihnen noch nie unterworfen haben.

Die USA wollen die globale Macht. Das ist leicht an den hunderten US-Militärbasen auf der ganzen Welt zu erkennen und am Militär-Etat, der alles Rationale übersteigt. Hier geht es selbstverständlich auch um sehr viel Geld. Der Rüstungsetat der USA entspricht in den meisten Jahren ungefähr der Neuverschuldung und damit der Geldschöpfung der FED. Dieser Betrag oberhalb von **500 Milliarden** (US Billionen) wird von beiden Parteien gebilligt.

Um den riesigen Aufwand an Militär gegenüber den eigenen Bürgern zu rechtfertigen, brauchen die USA dringend äußere Feinde. Nach der friedlichen Auflösung der Sowjetunion kommen nur noch das restliche Russland und neuerdings China in Frage.

Die Leistungen der zivilen Industrie in den USA sind zurückgefallen, schon seit 50 Jahren ist die

Automobilindustrie nicht mehr konkurrenzfähig. Auch die Flugzeugindustrie schwächelt jetzt. Das drückt auf die Exporte. In der Waffentechnik sind die USA aber führend.

Da ist es naheliegend, dass man mit Waffenexporten punkten will und über die NATO Druck auf Deutschland und andere NATO-Länder ausübt, den Militär-Etat zu erhöhen, damit die Exportbilanz der USA verbessert wird. Die teuersten Systeme, abgesehen von Kriegsschiffen, sind Kampfjets und Drohnen aus den USA. Zu der Exportstrategie gehören die Feindbilder Russland und China und die Konflikte im Nahen Osten, wo Saudi-Arabien das reichste Land und gleichzeitig der größte Waffenkäufer ist.

Aus den zahlreichen abwertenden Bemerkungen in unseren Medien lässt sich indirekt schließen, dass die USA und der Nordatlantikrat einen sehr starken Einfluss auf unsere Politiker und auf die Medien haben, wie immer das auch funktionieren mag. Die Angst vor Russland und China brauchen wir nicht, sie wird uns vom Militärisch-Industriellen Komplex der USA aufgezwungen und ist stark von finanziellen Interessen angetrieben.

Und nicht vergessen: **Rüstung und Krieg verursachen die größten Umwelt- und Klimaschäden überhaupt.**

2.5
Perspektivwechsel

Finanzberaterin der amtlichen Regierung

Wir sollten einmal die Perspektive wechseln, um nicht in Verdacht zu geraten, neidisch auf den Reichtum zu sein oder linksradikal. Stellen wir uns vor, wir wären die Finanzberaterin oder der Finanzberater einer amtlichen Regierung. Also, wir stünden beratend neben dem Finanzminister, der Regierungsspitze und den Parteivorsitzenden.

Wir sind dann in einer besseren Position als die Großgeldbesitzer, die mit ihrem eigenen Geld spekulieren und etwas verlieren können. Die Finanzberaterin einer Regierung dagegen riskiert wenig, nicht einmal ihren guten Ruf und hat doch Einfluss auf Verfügungen über die größten Finanzmittel.

Aus dieser Perspektive betrachtet, ist die Verbreitung von Nachrichten über den globalen Geldüberfluss und über die extreme Verteilung des Reichtums nicht angenehm, wir müssen Vertrauen in das Finanzsystem erwecken und uns bei den Regierenden für dessen Erhalt einsetzen und staatliche Kontrollen unbedingt verhindern.

Wir wollen euer aller Bestes

Leute wie wir schauen aus hoher Position auf die Dinge unterhalb unseres finanziellen Niveaus.

Die Hochfinanz kann Kredite in jeder gewünschten Höhe vergeben und hat kein Problem, das Geld, das die Staaten benötigen, bereit zu stellen. Wir vermeiden das Wort Geldschöpfung und verwenden den Begriff **Buchgeld**, *welches durch die ebenfalls verbuchten Schulden neutralisiert wird.*

Wenn dabei die Geldmenge vergrößert wird, stört das niemanden, wir achten nur darauf, dass von diesem frischen Geld möglichst viel auf den Konten der Finanzwelt landet, so verhalten sich andere Wirtschaftsunternehmen ja auch.

Würde zu viel von dem Geld, das die Finanzwelt verfügbar macht, in die Hånden der Konsumenten und der kleineren Unternehmer landen, dann würden diese Leute kaufen und kaufen, was sie kriegen können, und die Preise stiegen an, es würde mit Sicherheit Inflation einsetzen.

Deshalb raten wir den Staaten, *die sich von uns beraten lassen, und das sind die meisten, das Geld, das wir ihnen als Kredit gewähren,* **nicht direkt an die Bevölkerung** *weiter zu reichen, sondern genau an diejenigen, die mit großen Geldsummen besser umgehen können als Otto Normalverbraucher, also vornehmlich* **an Banken und globale Konzerne**.

Wir vertreten als Finanzberater den Standpunkt, dass der breiten Masse in Finanzdingen nicht wirklich zu trauen ist. Darum soll das große Geld überwiegend wieder in den Händen der Finanzwelt landen, die es zuverlässigen Staaten und Regierungen immer gerne und im gewünschten Umfang als Kredit oder Staatsanleihen zur Verfügung stellt.

So lange die Regierungen sich bemühen, ihre Schulden zurück zu zahlen und regelmäßig Tilgungsraten an die Banken überweisen, läuft es gut für alle Seiten. Wir in der Finanzwelt sehen natürlich mit Bedenken, dass viele Staaten überschuldet sind und die Schulden insgesamt nicht getilgt werden können. Wir müssen aber verhindern, dass Banken insolvent werden. Deshalb soll immer genügend frisches Geld zur Verfügung stehen und dabei steigt natürlich auch die Geldmenge.

***Wir raten den Staaten**, ganz unbefangen Schulden aufzunehmen, und eventuell **alte Schulden durch neue zu tilgen**. Das nennt man Umschuldung oder Rettungsschirm. Bei einer Umschuldung bleibt die Schuldenmenge und damit gleichzeitig die Geldmenge erhalten und das ist für alle Seiten das Beste. Wenn Schulden getilgt werden, verschwindet bekanntlich Geld wieder aus dem Markt und das schränkt die Beweglichkeit der Regierung, der Wirtschaft und der Finanzwelt ein.*

Es wäre schwierig und aufwändig, die breite Öffentlichkeit über diese Zusammenhänge zu informieren und es ist auch besser, wenn nicht die

Politikerinnen aller Ressorts und das Parlament mit diesem komplizierten Wissen belastet sind. Das Vertrauen in die Stabilität des Geldes und die Sicherheit der Anlagen ist die Basis für jede Finanzwirtschaft, ohne die es keine Sicherheit der Renten, Lebensversicherungen und Staatsfinanzen geben würde.

Warnung vor der Angstmache

Angst vor Inflation und Unmut über die Verteilung des Geldes könnten das Finanzsystem ins Wanken bringen. Dieses Gebäude ist gefährdet, das ist jedem bekannt. Geld ist ja längst schon ohne materielle Basis, spätestens seit Präsident Nixon die Goldbindung des Dollars offiziell aufgehoben hat. Das ist aber ein enormer Vorteil für Kreditnehmer und Kreditgeber, es bedeutet mehr Beweglichkeit.

Die Staaten profitieren: Rücklagen in Gold sind überflüssig geworden und können auf dem Markt gewinnbringend gegen Cash aufgelöst werden, wenn dies nicht schon längst geschehen ist.

Es besteht natürlich die Gefahr, *dass einige Kritiker am Wert des Geldes zweifeln, dann könnte das Vertrauen in das Finanzsystem zerbröckeln oder abrupt in sich zusammenfallen. Solange das Geld aber bei der breiten Bevölkerung knapp ist, gibt es keinen Grund, an seinem Wert zu zweifeln, im Gegenteil, je weniger jemand hat, desto mehr* *bedeutet es für sie oder ihn.*

So lange das Geld, dessen Sicherheit und Zirkulation wir garantieren, als hoher Wert anerkannt wird, ist die Existenz der Bankenwelt sicher, und auch die der Regierungen, die dieser Linie folgen und die wir finanziell unterstützen. **Wir raten daher** *allen Politikern, genau wie wir in der Finanzwelt es tun, mit Geld als Schlüsselwert zu agieren, das heißt ihre Politik so auszurichten, dass* **Geld im Mittelpunkt** *der Überlegungen und Maßnahmen steht; denn Geld ist der Schlüsselwert für alle Aktionen und Dispositionen und für deren Erfolg.*

Geld ist aus unserer Sicht die Lösung *der Probleme. Geht es um die Umweltkatastrophe?*

Wir werden Geld für den Schutz der Umwelt beschaffen.

Haben die jungen Leute, die auf den Straßen protestieren, Angst vor dem Klimawandel? Wir empfehlen den Staaten mit CO_2-Zertifikaten zu handeln, sich durch den Kauf klimaneutral zu machen und die Gemüter zu beruhigen.

Geht es um Energiepolitik? **Wir finanzieren erneuerbare Energie**, *Windparks und Stromtrassen und auch ausreichende Entschädigungen an die Kraftwerkbetreiber.*

Wenn Staat und Automobilindustrie auf Elektroautos setzen, finanzieren wir gerne den Kauf und stellen dem Staat das Geld für Zuschüsse zur

Verfügung. Für all diese Maßnahmen, Krisen zu bewältigen, wird Geld benötigt und die Finanzwelt stellt es den Staaten als Kredit, jetzt sogar zinsfrei, zur Verfügung.

Die marktkonforme Demokratie

Wir wissen, Politiker haben das Problem, dass sie von Wahlen abhängig sind. Alle vier oder fünf Jahre können einige von ihnen abgewählt und durch neue, unberechenbare Mandatsträger ersetzt werden.
Das ist der störende Einfluss der Demokratie.

Wir unterstützen die repräsentative Demokratie, die sich seit mehr als 200 Jahren bewährt hat, damit durch die Vorschlag-Möglichkeit der Parteien verantwortungsvolle Kandidatinnen ausgewählt werden. Gerade der Beschluss über finanzielle Entscheidungen erfordert Kompetenz und Einsicht in die Notwendigkeiten und den Interessenausgleich. Zum Glück haben die unqualifizierten Wählerinnen und Wähler keinen direkten Einfluss auf die Kassenlage und die Verteilung der Gelder. Jedem wird einleuchten, dass das verheerende Folgen haben könnte.
Wer sich selber per Beschluss Geld zuteilen kann, der tut es auch.
Viele Finanzexperten sind für ein bedingungsloses Grundeinkommen, um die freigestellten

Arbeitskräfte bei der weiteren Entwicklung der künstlichen Intelligenz aufzufangen. Aber die genauen Bedingungen dafür darf man nicht dem direkten Willen des Volkes oder der Direkten Digitalen Demokratie überlassen. Das würde dazu führen, dass Drückeberger und Langschläfer sich per Mehrheitsbeschluss ein bequemes Polster zubereiten.

***Wir Finanzleute** schauen mit Bewunderung auf die USA mit ihrem Zwei-Parteien-System, wo von beiden Parteien Kandidaten aufgestellt werden, die dem Finanzsystem nahe stehen; denn sie werden von der Finanzwelt intensiv unterstützt. Beide Parteien, fast alle Kandidaten und auch der Wahlkampf für die Präsidentschaft sind ohne intensive Finanzhilfen undenkbar. Wir stellen allen konservativen Parteien gerne unser know how in der Promotion zur Verfügung.*

Wir stärken die EU

Für uns als Finanzberaterin oder Finanzberater von Regierungen in den Ländern Europas ist es schwierig, eine Linie zu finden, weil es in den Parlamenten so viele unterschiedliche Parteien gibt. Es werden diejenigen Parteien finanziell unterstützt, welche die bestehenden Regeln der Finanzwelt nicht in Frage stellen. Zum Glück sind das die meisten; denn die Politiker streben die Regierung an und sie wissen, dass sie leichter regieren können, wenn sie von der Finanzwelt direkt und indirekt unterstützt werden und genügend finanzielle Mittel zur Verfügung haben.

*Im Wahlkampf und auch sonst, so weit wie möglich, unterstützen wir die Parteien, deren Ziele sich mit denen der Finanzwelt decken. Wir beraten die Parteien auch in diesem Sinne, beobachten ihre Zustimmungswerte und unterstützen diejenigen, deren **Anhängerschaft schnell wächst**, ohne dass wir selber in die Politik eingreifen.*

Kontrolle der Medien, Schlüssel zum Erfolg

*Politikerinnen und Politiker, nicht nur in Europa, sind in ihrer Wählergunst sehr von den Medien abhängig. Deshalb ist es gut, wenn möglichst viele Medien in privater Hand sind. Vorbild sind die USA. Mit **Unterhaltung und Sport** gewinnt man das breite Publikum, das bringt finanziellen Gewinn und Stabilität der Meinungen.*

Problematischer sind die staatlichen oder, wie man auch sagt, ÖffentlichRechtlichen Anstalten. Wir sehen es ungern, wenn diese Medien linkslastige Aufklärung verbreiten, wie das vor 30 oder 50 Jahren der Fall war. Kritische Berichte über das Geldsystem oder über eine Abhängigkeit der Staaten von der Finanzwelt sind tendenziös; sie verdrehen die in der Verfassung garantierte Wirklichkeit.

Die Verfassung schützt das private Eigentum. Das Ziel unserer Medienpolitik ist, dass wir den Aufstieg von Politikern verhindern, die gegen die bestehende Vermögensverteilung oder gegen die Verteilung der Einkommen argumentieren. Es wird sogar wieder von Enteignungen geredet. Das ist eine Attacke auf die Freiheit.

Wir meinen, über den Fluss des Geldes bestimmen die Geldbesitzer. *Medien und der Staat haben sich da raus zu halten. Das ist eigentlich selbstverständlich und liegt im Begriff des Eigentums. Wer es hat, vermehrt es, wer es nicht hat, kann an der Vermehrung teilhaben und wird dafür bezahlt. Die Medien bilden keine Ausnahme, sie repräsentieren die Interessen ihrer Besitzer oder des Staates, der sie unterhält und dafür sorgt, dass die Gebühren erhöht werden, wenn Bedarf besteht.*

Öffentlich-Rechliche Anstalten

Wenn es staatlichen Rundfunk gibt, unterstützen wir Finanzberater die Meinung, dass diese Anstalten streng hierarchisch kontrolliert sein sollen. Ein finanzfreundliches Klima unter den festen Mitarbeitern von Rundfunk und Fernsehen wird dadurch geschaffen, dass sie besonders gut bezahlt werden und mit der Aussicht auf hohe Pensionen konform eingebunden sind.

Hier sind die Interessen von Finanzen und Politik völlig gleich gerichtet: Es muss verhindert werden, dass sich im öffentlichen Bereich Meinungen verbreiten, die den Interessen der Finanzwelt und dem Machterhalt der Regierenden entgegen laufen. Die Regierenden Parteien wollen ihre Macht erhalten, die Finanzwelt will ihre Position und die der Regierenden bestätigen und die Gesellschaft stabilisieren.

Medien sind schon seit 100 Jahren der Schlüssel zur öffentlichen Meinung der Bürger und auch zu deren Wahlentscheidungen.

Ein besonders geschickter Schachzug in dieser Richtung ist die Finanzierung von ARD und ZDF in Deutschland auf sehr hohem Niveau. Und die Sendeanstalten werden nicht vom Staat finanziert, sonder über Pflichtgebühren. Das entlastet die Staatskasse und es verschafft den Parteien Wohlwollen und Einfluss in den Redaktionen.

Die Redaktionen erscheinen unabhängig, stehen aber der Regierung sehr nahe; denn die großen Parteien dominieren den Rundfunkrat, ganz besonders in Zeiten einer großen Koalition. Das ist besser als eine Zensur.

Das gemeinsame Interesse von Finanzen und Politik ist es, die Medien sanft zu steuern. Die großen Medien sollen an erster Stelle das Bild einer festen Demokratie vermitteln, in der alle staatstragenden Gruppen finanziell voll abgesichert sind.

Das ist die gleiche Sicherheit, wie sie die Finanzinstitute ausstrahlen.

*Die gemeinsame Linie von Finanzinteressen und der Regierung bei der Darstellung von Demokratie in den Medien lautet: Alles, was entschieden wird, geschieht im Namen der Demokratie. Oder umgekehrt gesagt: Das, was der Staat entscheidet oder auch nicht entscheidet und verhindert, ist **definitionsgemäß Demokratie** und es geschieht mit der vollen Unterstützung des Finanzsektors.*

Die Gefahr aus dem Netz

Als Finanzberaterin oder Finanzberater der Regierung müssen wir unsere Aufmerksamkeit gemeinsam auf das Internet richten. Jeder weiß, was sich da auf den Textseiten und in den Videoportalen abspielt. Im Prinzip ist das Internet durch seine Interaktivität ein Medium, das völlig freie Kommunikation der Teilnehmer ermöglicht. Das bringt Gefahren mit sich.

*Von der finanziellen Seite gesehen, hat sich das Internet in den letzten 10 Jahren gut entwickelt. Weite Bereiche sind **finanziell ertragreich**, fast die gesamte private Kommunikation ist unter Kontrolle der großen Anbieter und damit sicher in der Finanzwelt verankert. Obwohl die Nutzung weitgehend kostenfrei angeboten wird, sind die Kontaktmaschinen globale Konzerne und Stars an den internationalen Börsen. Facebook, Twitter,*

Google-Alfabet mit Youtube und die anderen Kontaktmedien sind für Geldanleger in der Finanzwelt unentbehrlich geworden.

Als Finanzberater bei den Regierungen wirken wir darauf hin, dass diese Firmen nicht behindert werden, weder finanziell, durch Steuern, noch inhaltlich, indem man sie für die verbreiteten Inhalte und Meinungen verantwortlich macht. Internet-Plattformen sind keine Medien, sondern neutral wie das Telefon-Netz, sie bieten nur an, stellen Kanäle und Speicher zur Verfügung. Für die Inhalte sind die User verantwortlich. Diese Freiheit wird durch Anonymität gesichert.

Wer Facebook einschränkt und für Entgleisungen verantwortlich macht, schränkt die globale Kommunikation und die Gewinnabschöpfung ein. Beschränkungen des Wettbewerbs sind nicht im Sinne eines freien Marktes und der ist Bestandteil der gemeinsamen westlichen Werte.

Wir Finanzberater müssen im Interesse der Marktführer auch Staaten davon abhalten, andere Kontaktmedien zu fördern oder zu finanzieren, die keinen finanziellen Gewinn abwerfen. Das belastet die Staatskasse und schmälert Steuereinnahmen.

Staaten sollten auf keinen Fall öffentlich-rechtliche Plattformen schaffen, auf denen sich Kritik ausbreitet. Das würde einen Verlust an unternehmerischer Freiheit bedeuten. Darunter leiden dann alle: die Regierung, die Parteien, die

Privatfirmen und die Finanzwelt.

Man stelle sich vor, es würde eine unkontrollierbare politische Bühne im Internet entstehen, über die sich beliebige Meinungen bilden. Es wäre nicht im Interesse der Internet-Wirtschaft, der Finanzwelt und auch nicht im Interesse der Regierungspolitik.

*So lange die Menschen von Algorithmen gesteuert werden, die sie mit Gleichgesinnten verbinden und auf die bevorzugten Inhalte und gezielte Werbung lenken, sind sie eingebunden und haben ein positives Gefühl von Freiheit. Das ist **marktgerechte Freiheit** und Medienpolitik in der marktgerechten Demokratie, die wir als Finanzberater den Regierungen und Parteien genau so empfehlen wie unseren Werbekunden. Unser Motto lautet:*

Staat und Finanzmacht gehören zusammen

In der bürgerlichen Vorstellung von Banken und Finanzwelt zählt am meisten das Gefühl von Sicherheit und Stabilität. Genau das gilt auch für die Beurteilung von Regierungen. Es ist im beiderseitigen Interesse von Politik und Finanzen, dass dieses Gefühl bestätigt wird und erhalten bleibt.

Wir machen allen die Zusage, dass unser Geld die Zukunft sichert, und wir beraten Politikerinnen und Politiker in diesem Sinne. Die meisten Regierungen übernehmen gerne unseren Standpunkt und sie sichern damit die Zukunft der Bürger und der Finanzwelt, indem sie das System erhalten.

Leider gibt es Theoretiker wie Ernst Wolff und Dirk Müller, welche im Internet Schreckensthesen über einen Crash des Finanzsystems verbreiten und dementsprechende Gerüchte sind kaum unter Kontrolle zu halten. Das System der Finanzen kann bei der Zahl der Finanzakteure erschüttert werden, wenn sich dort Panik ausbreitet. Doch die großen Investoren, welche die Finanzmärkte dominieren, sorgen für Ruhe und Gelassenheit.

Auch gegenüber diesen umstrittenen Autoren, mit ihren kritischen Thesen und alternativen Kanälen, sind die finanziellen Interessen und die der Regierungen gleichgerichtet. Wenn Zweifel am bestehenden System und an dessen Sicherheit entstehen, könnten am Ende auch die großen Fonds die Kontrolle verlieren und Politiker ihre unangefochtenen Positionen.

Der worst case würde eintreten, wenn Kräfte an die Macht kommen, die gegen die Interessen der Finanzmacht handeln und eine Art von selbst definierter Demokratie durchsetzen, die dann ihre Macht auf die Verteilung von Finanzmitteln ausdehnen will, sei es für den Umweltschutz oder für die Rüstungskontrolle. Meinungen sind keine

Macht. Wenn die sozialen Medien wie Facebook, WhatsApp und Twitter ihre Kontrolle über die Aufmerksamkeit und Meinung der Jugend verlieren, könnten sich überall, wo das geschieht, radikale politische Strömungen entwickeln.

Wir müssen also, das ist die gemeinsame Linie von Finanzen und Politik, alle Meinungen und Diskussionen außerhalb der kontrollierten Medien möglichst klein halten. Sowohl im Internet als auch in der Realität. Dazu reichen nicht einfache verbale Gegenmaßnahmen.

Besser ist es, auch Demonstrationen zu stoppen, zu behindern und die Teilnehmerinnen und Teilnehmer mit Bußgeldern für Ordnungswidrigkeiten zu belasten. **Geld hilft immer.**

Man muss die Genehmigung von Versammlungen unterbinden und auf den großen Plattformen im Internet die entsprechenden Inhalte löschen.

Es darf nicht sein, dass die Verantwortung für Umweltkatastrophen, Klimawandel, Umverteilung und Verarmung breiter Schichten der Bevölkerung den Regierenden oder der Finanzelite zugeschoben wird. Das ist linke Propaganda. Jeder ist nur für sich selbst verantwortlich.

So weit die Stellungnahme der Finanzwelt, es folgt eine kurze Gegendarstellung.

2.6
Eine Gegendarstellung

Die Rettung durch Demokratie

Liebe Leserin, lieber Leser,
der Perspektivwechsel war vielleicht ein wenig ermüdend, weil die dort vertretenen Thesen auch sonst in den großen Medien tagaus, tagein, verbreitet werden. Das ist der Mainstream der Information oder Desinformation.

Die Finanzmittel sind, wie wir gesehen haben, unbegrenzt. Geld wird dazu eingesetzt, dass alle, die sich konform verhalten, in den Parteien, den Regierungen und in den Medien, mit großen und kleinen Vergünstigungen geködert werden können.

Die anderen sind ausgeschlossen. Das ist ein System, viel feiner und ausgetüftelter als banale Korruption, es ist kaum zu greifen, aber es funktioniert vortrefflich, auch bei Abgeordneten in den Parlamenten.

Das Ergebnis ist: Standpunkte, Denkweisen und Wertungen der Finanzmacht sind überall Maxime des Handelns. Den Inhalt der im Perspektivwechsel pro Forma vertretenen Perspektiven finden wir überall; denn die Thesen und die neoliberale Ideologie dahinter sind die Entscheidungsgrundlage in der freien westlichen Welt.

Geld ist das, was akzeptiert wird

Die Macht der Finanzwelt ist ungebrochen, doch sie steht auf tönernen Füßen und nicht nur das, sie fußt seit wenigstens fünfzig Jahren auf keiner materiellen Basis mehr, weder Ton noch Metall, noch Gips, noch Luft. Geld ist schon lange nur noch eine abstrakte Zahl, auf deren Wert man sich geeinigt hat.

Das abstrakte Geld ist eine geniale Idee. Ein abstrakter, klar definierter Wert, mit dem man Handel treiben kann. Das funktioniert aber nur, wenn alle, auch wir normalen Bürgerinnen und Bürger, dieses Geld als Wert akzeptieren.

Es ist praktisch, dass dieser Wert einfach durch eine Zahl gekennzeichnet wird. Zahlen kann man direkt vergleichen, addieren, subtrahieren und multiplizieren. Aber nicht alle können das fehlerfrei. Sogar manche Politikerinnen und Politiker können es offenbar nicht, sie denken und reden nur ungefähr über Geld, zu viel, zu wenig, nicht genug, viele Millionen, ein paar Milliarden zu viel oder zu wenig, egal, wo es herkommt.

Das feudalistische Geldsystem

Das große Problem mit dem Geldsystem besteht darin, dass es Institutionen in der Finanzwelt gibt, die das Recht haben, Geld zu erzeugen, und dass diese Institutionen nicht unter Kontrolle derjenigen stehen, die das Geld benutzen und akzeptieren müssen, die dafür arbeiten und etwas leisten, die **dem Geld seinen Wert verleihen**. Das heißt, die einen arbeiten für Geld und, wenn sie Handel treiben, verkaufen sie etwas für dieses Geld, die anderen erzeugen es per Mausklick.

Dies ist ein System, in dem es Privilegierte gibt, die sich das Recht genommen haben, Geld zu erzeugen und die es dann anderen als Kredit geben, was die Kreditnehmer oder Schuldner zu Leistungen verpflichtet.

In Zeiten der Demokratie ist so ein System ein **Fremdkörper aus einer feudalistischen Zeit von vor 500 Jahren.** Das ist die Zeit, in der das Kreditwesen zwischen Banken und reichen Kaufleuten, zunächst in Italien, entstanden ist. **Feudal bedeutet**, es gibt unbegründete Macht, die von oben nach unten weitergegeben wird.

Die Erzeugung von Geld in einer demokratischen Gesellschaft muss demokratisch legitimiert sein und demokratisch kontrolliert werden, wenigstens von den gewählten Regierungen. So ist es aber nicht. Geld wird von Leuten vermehrt, die sich das Recht dazu einfach genommen haben. Das sind die Banken mit ihren traditionellen, aber ungerechtfertigten Privilegien, die von Staaten akzeptiert werden.

Das System wird nicht genug überwacht
oder systematisch kontrolliert, weder von Staaten noch von einer demokratischen Mehrheit.

Die Notenbanken, denen man das Recht der Geldschöpfung verliehen hat, und die am meisten Geld erzeugen, sind nicht einheitlich organisiert. Die US-Notenbank FED ist privat, die EZB gehört den Euro-Ländern, sie ist aber nicht weisungsgebunden, das heißt, sie muss nicht das tun, was die Regierungen der Euro-Teilnehmer wollen.

Keine Regierung kann der EZB vorschreiben, wie viele Euros sie in die Welt setzt oder auch nicht. Es gibt vage Richtlinien, z.B. **dass die EZB für Stabilität zu sorgen hat**.

Was bedeutet aber Stabilität? Dazu braucht man Vergleichswerte. Ein wichtiger Vergleichswert ist die Stabilität des Kurses gegenüber dem US-Dollar. Wenn dann die FED in New York mehrere Billionen (1 europäische Billion = 1.000 US-billions) Dollars in wenigen Monaten erzeugt, dann macht die EZB es einfach genau so und niemand kann sie davon abbringen.

Der Kurs des Euro gegenüber dem Dollar ist dann **stabil geblieben**. Niemand kann sich formal beklagen.

Die Stabilität gegenüber dem Dollar wird so aber zur Angleichung der EZB an die Entscheidung der FED.

Ein privater Goldesel, den wir alle füttern

Das Geldsystem als solches darf grundsätzlich kein Privateigentum von Banken sein, auch nicht teilweise. Das Geld als konventionelles Zahlungsmittel mit Akzeptanz aller, ist von sich aus Gemeineigentum wie die Sprache; denn ohne die Akzeptanz aller, die es tagtäglich benutzen und dafür etwas leisten, hat Geld keinen Wert. Die Banken, die es generieren, leisten fast nichts dafür: Sie machen eine Gutschrift und kontrollieren im eigenen Interesse die Rückzahlung.

Die EZB erzeugt Billionen von Euros, die für alle, die damit umgehen, ihren Wert haben und doch geschieht diese Geldvermehrung ohne Kontrolle der am Euro beteiligten Länder. Genau so krass ist das Privileg, dass Privatbanken auf der ganzen Welt durch Kreditvergabe Geld in verschiedenen Währungen erzeugen dürfen. Dieses Buchgeld ist, wie schon gesagt, im Zahlungsverkehr von anderem, bereits vorhandenem Geld nicht zu unterscheiden.

Durch diese absurde Regel wird die Geld- und die Schuldenmenge ständig und unkontrollierbar vergrößert. Das kann nicht ewig so weiter gehen, weil die Situation durch **mehr** Bewegungsmasse **immer instabiler** wird.

Die größten Schulden werden von den Staaten gemacht und lasten dann auf der Allgemeinheit. Das erzeugte Geld wandert direkt oder auf Umwegen in die Finanzwelt und wird dort in sogenannte Finanzprodukte umgewandelt, mit denen ein florierender Handel betrieben wird, an dem normale Menschen sich nicht beteiligen können. Die Geldmenge ist zu 60% - 70% sogar der realen Wirtschaft entzogen, wie schon erläutert wurde.

Geld stinkt zum Himmel

Der Geldhandel hat Dimensionen, welche den Geldwert der gesamten realen Wirtschaft weit übersteigen, und der Handel mit Geld und sogenannten Finanzprodukten geschieht praktisch durch den Fluss digitaler Daten zwischen Prozessoren und Speichern über die schnellsten Datenleitungen der Welt. Das Geld schwappt um den Globus, teils mit Lichtgeschwindigkeit, gesteuert von einer unüberschaubaren und unkontrollierbaren Schar von Akteuren.

Oberhalb dieses Finanzverkehrs fluktuiert noch ein **Handel mit Derivaten**, der zusätzlich zu der hier betrachteten Geldmenge zirkuliert und fast ausschließlich in der Finanzwelt als erlaubtes Glücksspiel stattfindet. Wir wollen uns nicht auch noch damit beschäftigen und ich kann nur raten, sich daran nicht zu beteiligen, wenn man nicht ein paar hundert Millionen zu viel hat.

Das **Finanzsystem unter Kontrolle** bringen können nur Staaten oder Organisationen von Staaten. Solange dies nicht geschieht, werden alle, die das Geld, egal ob Euro, Franken, Pfund oder Dollar, als ihr Geld akzeptieren und benutzen müssen, von denen ausgebeutet, welche die Spielregeln bestimmen und das Geld einfach aus dem Nichts erschaffen.

Eine der Spielregeln ist traditionell die, dass Banken sich nicht Geld direkt in die Tasche schieben können. Sie können Geld nur in die Welt setzen, wenn andere Schulden bei ihnen machen. Die Schuldenwirtschaft wird also von Banken forciert und erfordert, wie wir gesehen haben, permanentes Wachstum mit Ausbeutung aller Ressourcen, Umweltschäden und Klimawandel.

Die größten Schulden sind Staatsschulden. Darum ermuntern die Finanzberater auch unsere Politiker, Schulden zu machen, anstatt sich das Geld bei den Großgeldbesitzern durch Steuern und Abgaben direkt zu holen, und zwar **ohne die Verpflichtung es zurück zu zahlen.**

Es gibt Wege und Möglichkeiten, die Finanzherrschaft in die Schranken zu verweisen. Steuern durch Steuern. Das ist aber nur realisierbar, wenn

Politiker, Parteien und Regierungen nicht den Ratschlägen und angeblichen Zwängen der Finanzwirtschaft folgen, wie sie im vorigen Kapitel vorgeführt wurden, sondern sie müssen sich demokratisch verhalten, im Interesse derer, die sie gewählt haben. Die Erzeugung von Geld muss unter demokratische Kontrolle gestellt werden, sonst bleibt die Finanzmacht in einer quasi göttlichen Position, die über Wirtschaft und Staaten wie ein Feudalsystem herrscht.

Was uns fehlt, um solche Forderungen zu propagieren, ist die Unterstützung der Medien. Weder Privatmedien, noch ÖffentlichRechtliche Anstalten noch das kommerzialisierte Internet unterstützen die demokratische Meinungsbildung, vor allen Dingen dann nicht, wenn es um Geld geht.

Weil die Mediensituation, auch im Internet, so ungünstig ist, erscheint unter den praktischen Vorschlägen im letzten Teil dieses Buches als erstes **das Forum Demokrit**, ein Modell für Digitale Meinungsbildung und Direkte Digitale Demokratie im Internet, jenseits von Facebook und den kommerziellen Internet-Riesen.

3. Teil
Praktisch progressive Programme

3.1
Das Forum Demokrit
Offene politische Bühne im Internet

Die Finanzwelt beherrscht Wirtschaft und Staaten. Warum? Weil unsere Politiker nicht konsequent für ihre Wähler eintreten. Regierungen haben sich auf die Seite der Finanzmacht geschlagen. Das wäre bei echter Demokratie nicht möglich. Der Grund, warum die Demokratie so schwach ist, liegt im Mangel an freier und offener Meinungsbildung.

Aber wir werden doch mit Nachrichten, Informationen und Meinungen überflutet! Ist das nicht eher zu viel als zu wenig? Wo ist da ein Mangel?

Die Medienflut regnet nur von oben.

Wir werden überflutet mit Nachrichten, Meinungen und Reklame. Diese riesigen Datenmengen, gemessen in Megabytes pro Sekunde, regnen von oben in unser Bewusstsein. Was Politikerinnen und Politiker sich ausdenken, was sie verbieten, verbreiten, diskutieren, vermuten, wovor sie warnen, was sie befürchten, was sie empfehlen und in Aussicht stellen, all das wird uns von oben permanent aufgedrängt, sobald wir nur Rundfunk und Fernsehen einschalten.

Nicht einmal unter normalen Menschen, gibt es freie Massenkommunikation, zwischen Leuten ohne Privilegien, und schon gar nicht zwischen Bürgern unterschiedlicher gesellschaftlicher Stellung. Wir brauchen aber solche Kontakte und Gespräche und den Meinungsaustausch aller, die sich an der Politik beteiligen wollen. Meinungsaustausch ist die Basis der Meinungsbildung und damit die **Grundlage der Demokratie**.

Nur so ist Demokratie möglich und dann sind die Entscheidungen der Mehrheit besser als Entscheidungen von einzelnen abgehobenen Personen. Nur dann, wenn es eine offene politische Bühne gibt, kommt die Grundlage der Demokratie zum Zuge: **Aus kontroverser Diskussion entstehen die besten Entscheidungen.** Das ist die Stärke der Demokratie.

Gegen diese Einsicht steht ein traditioneller Glaube an die Obrigkeit oder an eine Elite oder an die Überlegenheit der Sieger. Diese Art von Konformismus ist für Demokratie untauglich. Ebenso der bequeme Herdentrieb, der uns verleitet, in der Menge einer Leitkuh oder einem Leithammel zu folgen.

Chancen der digitalen Technik

Das Internet ist die große Chance gegen dieses System der Kommunikation von oben. Es bietet unendliche Möglichkeiten der interaktiven Kommunikation. Das Internet ist von seiner ganzen Struktur her ein demokratietaugliches Gebilde: Globale Verbreitung bis ins hinterste Dorf, leichter Zugang, geringe Kosten. Das sind ideale Voraussetzungen zur freien Meinungsbildung auch für diejenigen, die keine Privilegien besitzen.

Was uns fehlt, ist eine offene politische Bühne für Demokratie im Netz, für jede und jeden, der sich beteiligen will. Um so eine Bühne herzustellen, dient als Modell das Internet-Forum, das jetzt hier entworfen und beschrieben wird.

Unser Forum soll Demokrit heißen, nach dem griechischen Naturphilosophen Demokrit, der den Begriff der Atome erfunden hat. Die Silben des Namens erinnern an Demokratie und Kritik. Beides soll im Forum Demokrit groß geschrieben werden.

Demokrit soll zur politischen Meinungsbildung wahlberechtigter Bürger im Internet dienen und die Möglichkeit zu Abstimmungen und Entscheidungen schaffen.

Aus diesem Ziel geht schon hervor, dass Demokrit nicht mit anonymen Teilnehmerinnen und Teilnehmern betrieben werden kann. Wer sich politisch äußern und betätigen will, muss den Schritt in die Öffentlichkeit wagen. Das hat Demokrit gemeinsam mit allen realen politischen Versammlungen, wer mitreden will, muss sich zeigen.

Kommerziell bedeutet: Nicht demokratisch

Der Idee von einem politischen Forum wie Demokrit stellt sich der Expansionsdrang amerikanischer Großfirmen entgegen, die das Internet als unendlichen Freiraum für Privatbesitz ansehen. Sie benutzen die alte Mathematik aus Europa und dem Orient, auf die noch niemand einen privaten Anspruch erhoben hat, um damit Programme und Strukturen (Algorithmen) zu schaffen, die nur ihnen als private Unternehmer gehören.

Die Algorithmen sind **patentiert und geheim**. Sie dienen der Geldvermehrung ihrer Besitzer. Alle anderen sind nur User in untergeordneter Position. Unsere Teilnahme am Netz nutzt dem Gelderwerb der Firmen, auch, wenn die Teilnahme kostenlos ist und wir das Geschäftsmodell der Kontaktmaschinen nicht durchschauen.

Hier gilt der Spruch: „Wenn dir eine Internet-Firma die Teilnahme umsonst anbietet, bist du selber das Produkt, das sie verkauft." Das heißt, du bist statistisches Material und Zielgruppe für Reklame, du bist Teil des Marktes, sonst nichts.

Deine Daten, Kontakte, Reaktionen und Klicks werden als Eigentum der Betreiber angesehen, sie werden statistisch ausgewertet und verkauft.

In den Strukturen dieser Firmen herrscht weder Transparenz noch Gleichberechtigung, noch Fairness. Dass die Nutzer sich auf diese Bedingungen einlassen, liegt daran, dass es im Internet viel zu wenige Alternativen zur totalen Privatisierung und Kommerzialisierung gibt.

Ein Netz ohne den Geruch von Geld

Es fehlt ein Forum, das alle Vorzüge des Internets vereinigt, nur mit dem einen Ziel, eine offene politische Bühne darzustellen. Das heißt, dieses Forum soll nicht ideologisch, nicht von Interessen gesteuert und nicht kommerziell ausgerichtet sein. Ein Medium, das Allgemeingut ist, wie die Sprache, die Schrift und die Technik des Internets.

Das Forum Demokrit unterscheidet sich in seiner Struktur und in den Bedingungen für die Nutzer sehr deutlich von den sogenannten sozialen, aber kommerziellen Medien und setzt völlig andere Prioritäten. Die Zahl der User, die Zeit des Verweilens auf der Seite, das Klick-Verhalten der Teilnehmer, die statistische Auswertung von Likes und Präferenzen, all das ist Sache der kommerziellen Kontaktmaschinen. Bei Demokrit werden solche Daten nicht erfasst. Der Code ist einsehbar und die Algorithmen sind transparent.

Negative Trends überwinden

In den Anfängen des Internets gab es viel Optimismus, man glaubte, das Netz würde allein wegen seiner Struktur Demokratie beflügeln. Dieser Glaube hat sich als naiv herausgestellt. Es ist so ähnlich wie die Erwartung, dass ein freier globale Markt **automatisch für gerechte Verteilung** von Geld, Besitz und Wohlstand sorgt.

In zwanzig Jahren hat sich im weltweiten Netz die kommerzielle Nutzung durchgesetzt; sie dominiert Zahl und Volumen der angebotenen Seiten und das erscheint uns jetzt als selbstverständlich. Demokratie, ehrliche Kommunikation und Gerechtigkeit stellen sich aber nicht automatisch ein, sondern nur dann, wenn wir eine Infrastruktur dafür schaffen und die Regeln selber bestimmen.

Genau wie eine freie Gesellschaft Gerichte und Justiz für die Verwirklichung von Gerechtigkeit braucht und eine Polizei für die Sicherheit, so braucht das Internet Regeln, Strukturen und Institutionen, die **Allgemeingut** sind. Sie sollen der Verbreitung von Wahrheit dienen und der freien, gleichberechtigten Kommunikation. **Die technischen Möglichkeiten für all das sind von Anfang an vorhanden.**

Die sogenannten Sozialen Medien wie Facebook betreiben aber Geldbeschaffung, hauptsächlich für

Manager und Anteilseigner.

Dabei werden bestimmte Zahlen als Index für den Erfolg maximiert:

So viele Teilnehmer wie möglich,
so viele Personendaten wie möglich,
so viele Klicks wie möglich,
so lange Verweilzeit wie möglich,
so viele Werbekunden wie möglich,
so viel Umsatz wie möglich,
so viel Gewinn wie möglich,
so hohe Börsenkurse wie möglich.

Die Wertung der Besitzer geht in in dieser Liste von unten nach oben. Das höchste Ziel ist der Börsenkurs und damit die Marktkapitalisierung, dann kommt der Gewinn, danach der Umsatz.

Die große Teilnehmerzahl kommt durch einen einfachen Trick zustande:

Wenn man eine Person sucht, wird man gezwungen, selber Teilnehmer zu werden. Das ist eine Art **Schneeballeffekt**. Andere Kontaktmaschinen haben das vorexerziert. Facebook hat alle überrundet, weil es teilweise nicht anonym praktiziert wird und man dort reale Personen finden kann, aber nur, indem man selber Mitglied wird.

Was verbirgt sich hinter dem Zuckerberg?

Die mächtigste Kontaktmaschine ist Facebook. Als Soziales Medium unter Studenten gestartet, hat es heute bei mehr als zwei Milliarden Nutzern zwei primäre Ziele: Steigerung des Börsenwerts und Gewinnmaximierung. Meinungen und Diskussionen der User sind nur das Futter für die Prozessoren und Datenspeicher.

Die Kritik an Facebook richtet sich gegen die Art und Weise, wie dort Daten erhoben und verkauft werden. Für die Betreiber, namentlich Mark Zuckerberg, ergibt sich die Vermarktung der Daten ganz natürlich aus den Möglichkeiten, die durch das enorme Wachstum von Facebook entstanden sind, und durch die Begehrlichkeiten der Werbebranche.

Daran ist nichts genial oder innovativ und sozial ist es erst recht nicht. Es ist asozial, aber asozial nach oben gerichtet, es hat die Eigentümer zu Milliardären gemacht.

Wer nicht will, dass beim Googeln nach dem eigenen Namen an erster Stelle der Kontakt über Facebook gelistet wird, der sollte keinen Facebook-Account besitzen oder ihn sofort kündigen, wie der Politiker Robert Habeck es getan hat. Der Autor war Herrn Habeck um einige Jahre voraus. (Wie man sich abmeldet, kann man bei Google erfahren.)

Tatsache ist, dass Facebook große Teile der Persönlichkeit und des Verhaltens seiner Teilnehmer mit oder ohne deren Wissen, mit oder ohne deren Einwilligung, statistisch aufbereitet und an zahlende Kunden verkauft. Die Teilnehmer präsentieren sich nach ihren eigenen Vorstellungen und fühlen sich als einmalige Personen. Facebook aber nimmt ihnen die Einmaligkeit wieder und benutzt die Eigenschaften und Reflexe von Millionen Menschen als statistische Masse, deren Erhebung durch verborgene Algorithmen erfolgt.

Den Usern entgeht, wie das Geschäft mit der Werbebranche läuft und wie ihre Persönlichkeit zerlegt, gegliedert, verknüpft und verwertet wird. Das Geschäft meidet die Öffentlichkeit, doch inzwischen ist es heraus: Zu denen, welche Facebook für ihre Ziele nutzen, gehören nicht nur die Hersteller von Süßwaren und Softdrinks, sondern auch Wahlstrategen, Psychologen, egomanische Politiker und vielleicht sogar die verteufelten Russen!

Die Bezeichnung Soziales Medium für eine global operierende Kontaktmaschine ist unsinnig. Hinzu kommt, dass Firmen, Vereine, Parteien, Fanclubs, Rundfunkanstalten und sogar die Regierung aufwändige Facebook-Seiten betreiben. Damit ist die Grundidee, soziale Kontakte zwischen Gleichgestellten zu fördern, ad absurdum geführt. Die Facebook-Struktur kann weder sozial noch demokratisch sein. Für Meinungsbildung und Demokratie sind die Unternehmensziele und die Algorithmen der sogenannten Sozialen Medien kontraproduktiv.

Ein anderes Forum muss her!

Trotz der Ausbeutung der User werden Facebook und Twitter weltweit für ernstgemeinte Kommunikation und sogar für politische Bewegungen eingesetzt. Das zeigt ganz deutlich: Bei Milliarden von Menschen besteht ein großer Bedarf nach interaktiver Kommunikation und Meinungsbildung.
Dieser Bedarf sollte befriedigt werden.
Ein Internet-Forum muss wenigstens folgende Möglichkeiten bieten:

Klärung der Identität,
Darstellung der eigenen Meinung,
Eigenständige Themenwahl der Teilnehmer,
Meinungsbildung durch Diskussion,
interne Abstimmungen,
Vorschläge für die Politik.

Grob gesagt: Eine offene politische Bühne im Internet, wo die Eingaben der Teilnehmer gleichberechtigt veröffentlicht und dann von allen anderen Teilnehmern kommentiert und bewertet werden. Ein Forum, das wie eine demokratische Versammlung funktioniert, weder zahlenmäßig noch räumlich begrenzt.
Dazu die Möglichkeit geheimer Abstimmungen, die kurzfristig und schnell durchgezogen werden, damit die Meinungen von Mehrheiten und Minderheiten erkennbar werden.

Das Forum braucht Spielregeln, die darauf zielen, dass eine politische Debatte zustande kommt und dass über strittige Fragen auch zwischendurch abgestimmt wird. Man kann die Diskussion dann auf eine Fragestellung fokussieren.

Um mit Demokrit Politik zu machen, gilt es zunächst eine Grundsatzfrage zu klären:

Wer kann teilnehmen?

Teilnehmen können alle, die sich in die Diskussion einbringen wollen und die nach dem Recht des Landes wahlberechtigt sind. Alles andere würde verhindern, dass Demokrit ein politisches Gewicht bekommt.

Umgekehrt ausgedrückt: Nicht teilnehmen können Roboter, Organisationen, Regierungen, Parteien, Vereine, Kinder, nicht Wahlberechtigte und Personen, die unerkannt bleiben wollen.

Es handelt sich also um natürliche Personen, deren Identität erfasst wird. Dabei muss verhindert werden, dass jemand mehrere oder falsche Identitäten annimmt. Die Teilnahme bedeutet nicht, dass jeder Name gleich auf einer Liste der Mitglieder erscheint. Wer aber öffentlich diskutieren will, kann dies nur unter seinem eigenen Namen tun, am besten mit einem Profilfoto.

Die Spielregeln sind vergleichbar mit denen in einer politischen Versammlung: Auch dort kann niemand das Wort ergreifen, der nicht gesehen werden will, der sich nicht öffentlich vorstellt oder vorgestellt wird. Diese Schwelle muss jeder überwinden, der sich irgendwo auf der Welt politisch betätigt. Politische Diskussion und Anonymität schließen einander aus. Anonyme Diskussionen gibt es für Anhänger dieser Form des Zeitvertreibs in genügender Zahl im gesamten Netz.

Gegen anonyme Dispute mit Unbekannten über ernsthafte Themen spricht die langjährige Erfahrung im Internet: Meinungen werden zugespitzt, Streitereien schaukeln sich hoch, Debatten entgleiten, Trolle und Provokateure geben den Ton an, es kommt zu Hassparolen und Volksverhetzung. Mühselig muss dann das Geschmiere an den digitalen Toilettenwänden durch Moderatoren und Schimpfwort-Such-Algorithmen wieder entfernt werden.

Vom privaten zum gemeinsamen Medium

In einem Meinungs-Medium mit demokratischen Strukturen müssen Grenzen für die Textmenge gelten, auch bei der Selbstdarstellung. Jeder, der eine Persönlichkeit hat, kann diese in einem Text von einer DIN A 4 Seite oder mit 2.000 Zeichen darstellen. Ein Foto in Passqualität reicht völlig aus. Wer will, kann dann auf die eigene Webseite verweisen.

Demokratie und das Format von Demokrit sind für Millionen Teilnehmer gedacht. Deshalb können Diskussionsthemen nur von Moderatoren eröffnet werden. Vorschläge aller Teilnehmer sind erwünscht, über die dann abgestimmt wird. Das Moderatoren-Team kann die beliebtesten Vorschläge aufgreifen.

Wie das Team der Moderatoren sich zusammensetzt, ob, wie und von wem es bezahlt wird, hängt davon ab, wer das Forum Demokrit startet und wer es finanziert. Eine einfache Lösung wäre die, dass eine neutrale, am liebsten demokratisch legitimierte Institution das Forum zur Verfügung stellt.

Ein Format für die Online-Demokratie

Schließlich muss die Frage der Finanzierung geklärt sein. Der finanzielle Aufwand ist relativ gering, 0,1%, also ein Tausendstel der Summe, die der Öffentlich-Rechtliche Rundfunk pro Jahr verschlingt, das sind etwa acht Millionen Euro (ein Tausendstel von 8 Milliarden), wäre schon eine gute Ausstattung.

Einen Begriff von der Größenordnung der Kosten eines solchen Forums vermittelt das Angebot, das Gianroberto Casaleggio dem Komiker Beppe Grillo beim ersten Treffen der beiden Gründer der italienischen 5-Sterne-Bewegung gemacht hat: Er wollte für die Entwicklung der Internet-Demokratie in seiner eigenen IT-Firma

250.000 Euro haben. Das war wohl ein politisches Angebot, weniger als der Selbstkostenpreis. Es ist ein Betrag, den unsere Politikerinnen im Verteidigungsministerium mal so nebenbei für ein Beraterhonorar ausgeben.

Grillo lehnte das Angebot ab (wahrscheinlich hatte er das Geld nicht zur Verfügung), es wäre ein Schnäppchen gewesen. Später bot Casaleggio an, das Forum mit Werbung zu finanzieren. Grillo willigte ein. Das war im Jahre 2004, dem Gründungsjahr auch von Facebook. Gianroberto Casaleggio ist leider verstorben, aber sein politischer Erfolg ist unbestreitbar. Die Software der Firma **Casaleggio machte den M5S in wenigen Jahren zur stärksten Fraktion im Parlament**.

Mark Zuckerberg dagegen, der die Idee hatte, Facebook von einer Kontakt-Maschine in eine Geldmaschine umzuwandeln, hat etwas völlig anderes erreicht, nämlich dass er selbst zum Multi-Milliardär wurde. Und Millionen Menschen mit ihrer politischen Hoffnung und ihren kreativen Ideen laufen in die Irre, sie werden von Facebook als Zahlenmaterial an die Werbebranche verkauft.

Der mühsame Abstieg vom Zuckerberg

Am besten wäre es, das Forum Demokrit öffentlich-rechtlich und ohne Werbung zu organisieren, finanziert von der Allgemeinheit, mit einem demokratischen Kontrollgremium. Warum im wohlhabenden Deutschland nicht einiges besser machen als Zuckerberg und vielleicht auch besser als der M5S in Italien?

Weil für eine politische Diskussion die Identität der Teilnehmer sicher geklärt sein muss, wäre es die einfachste Lösung, die Registrierung der Teilnehmer mit dem Meldewesen der Kommunen und einem maschinenlesbaren Personalausweis zu verbinden. Dann können nicht nur Meinungsbilder, Probe- und Zwischenabstimmungen, sondern auch rechtsgültige digitale Abstimmungen durchgeführt werden.

Es existieren schon diverse unabhängige Online-Medien, die sich aus Spenden finanzieren und mit hochwertiger Information Meinungsbildung betreiben, teilweise mit Kommentar-Spalten. Aus einer solchen Struktur heraus kann auch ein politisches Forum entstehen, wenn die notwendigen Features hinzu kommen.

3.2
Die Struktur für Meinungsbildung

Realisierung einer virtuellen Debatte

Wer in der nichtdigitalen, in der realen Welt, an einer Diskussion am runden Tisch teilnehmen will, muss sich beschränken. Oft muss man sich zurückhalten und andere über eine Rednerliste zu Wort kommen lassen. Es sei denn, sie oder er ist in seiner Szene eine Domina oder ein kleiner Diktator.

In einem Diskussionsforum im Internet lässt sich die Zurückhaltung durch Einschränkungen der Eingabemöglichkeiten einprogrammieren. Wir schaffen klare Regeln durch Algorithmen, die transparent und für alle einsehbar sind. Das Format soll verhindern, dass einzelne Teilnehmer, die über viel Freizeit, höheren Geltungsdrang und/oder ein extrovertiertes Ego verfügen, die Debatten dominieren. Die Meinung ganz normaler und möglichst kompetenter Bürger ist dagegen gefragt.

Wir unterscheiden:
Themen,
Antworten und
Kommentare.

Die Themen werden in der Form von Fragen gestellt, zum Beispiel: Soll sich unser Land an Sanktionen gegen Iran oder Russland beteiligen?

Zu einer solchen Frage kann jeder Teilnehmer seine Antwort darstellen. Andere Teilnehmer können die Argumente einmal kommentieren. Kommentare sollen aber nicht immer weiter kommentiert werden. Durch die Möglichkeit interner Mails können die Teilnehmer ihre Diskussionen privat fortsetzen.

Bewertungsmöglichkeiten

Um einen Anhaltspunkt für die Qualität und Beliebtheit der Fragen, Antworten und Kommentare zu geben, soll eine Punkte-Bewertung stattfinden. Auch diese Bewertungen unter jedem Text werden zahlenmäßig eingeschränkt sein, damit nicht Aktivisten alles, was ihnen nicht passt, herabstufen oder umgekehrt, alles, was auf ihrer Linie liegt, hochjubeln.

Die Struktur zur Bewertung wäre so, dass jeder zu den Äußerungen, die ihm wichtig erscheinen, drei Wertungen abgeben kann:

  +1 Plus-Punkt
  - 1 Minus-Punkt
   0 neutral oder unentschieden

Diese Wertungen sollen nicht gegeneinander verrechnet werden, weil sie sich dann gegenseitig aufheben und wertvolle Information verloren geht. Das für alle sichtbare Ergebnis bei 50 Stimmabgaben könnte z.B. so aussehen:

25 plus
23 minus
2 neutral

Wenn man die Zahlen gegeneinander aufrechnet, erhält man: 2 Plus-Punkte. So geht ein wesentlicher Teil der Information verloren, nämlich die, wie viele Personen an der Abstimmung teilgenommen haben und wie kontrovers das Thema diskutiert wurde und wie vielen es gleichgültig ist.

Aufteilung in Diskussionsrunden

Sobald die Zahl der Teilnehmer bei Demokrit steigt, und es ist das Ziel, dass Millionen Menschen sich beteiligen, entsteht ein quantitatives Problem:

Wie können **1.000 oder 100.000 Leute** schriftlich über ein Thema diskutieren?

Man kann den Informationsfluss, wie es Parteien tun, kanalisieren, indem die Mitglieder in Kreisverbänden organisiert sind. Die Parteiführung steuert die Meinungsbildung dabei von oben, was natürlich undemokratisch ist. Gesucht ist eine digitaler Struktur, mit der eine überschaubare Diskussion von sehr vielen Menschen organisiert werden kann. Eine solche Möglichkeit ist die Aufteilung großer Diskussionen in kleine Runden.

Sobald 100 Teilnehmer sich in ein neues Thema eingebracht und ein Statement abgegeben haben, soll folgende Automatik einsetzen:

Die 100 Teilnehmer werden **per Zufall** in zwei Diskussionsrunden mit je 50 Teilnehmern aufgeteilt. Ihre letzten Statements bleiben erhalten, können aber nach den Erfahrungen aus der vorherigen Runde noch einmal modifiziert werden. Die Kommentare werden gelöscht.

Teilnehmer, die neu in dieses Thema einsteigen, verteilt der Algorithmus automatisch auf die bestehenden (bis hierhin zwei) Diskussionsrunden, bis dass in einer Runde die Zahl 100 wieder erreicht ist.

Dieser Vorgang wird immer wiederholt. Die maximale Teilnehmerzahl, 100 für eine Gruppe, ist dabei ein Parameter, den man nach den ersten praktischen Erfahrungen verändern kann.

Wer in eine laufende Diskussion einsteigt, kommt per Zufall in eine Runde von 50 bis 100 Teilnehmern, mit denen er sich auseinandersetzen kann. Aber bei der nächsten Aufteilung verschwindet die Hälfte der Diskutanten und neue kommen hinzu. Die Diskussion wird immer wieder aufgemischt.

Die Chancen, seine eigene Position zu propagieren oder zu ändern, erneuern sich in jeder neuen Runde. Außerdem wird durch diese Taktik verhindert, dass sich Seilschaften bilden und persönliche Feindschaften entstehen.

Zwischenabstimmungen

Die digitale Technik macht es möglich, dass während der Debatte Online-Abstimmungen stattfinden können. Das Moderatoren-Team kann die Diskussion durch Zwischenabstimmungen auf die Kernfrage lenken und Nebenschauplätze der Diskussion vermeiden. Dazu als Beispiel ein politischer Dauerbrenner, nämlich die Frage Vermögenssteuer.

Diese Fragestellung eignet sich bestens für Talkrunden. Und die bieten dann tausend Möglichkeiten, ein Ergebnis der Debatte, also eine Mehrheitsmeinung, durch knifflige Detailfragen zu verhindern:

Der Liberale fragt: Wieso sollten wir das versteuern, was schon einmal versteuert wurde?
Der Pedant fragt: Wie soll man denn Vermögen erfassen?
Die besorgte Bürgerin fragt: Ist das Eigenheim der Oma schon ein Vermögen, das besteuert werden soll?
Der Unternehmer fragt: Kann es eine Steuer auf Produktionsvermögen geben, ohne dass die Wirtschaft zerstört wird?
Die Verwaltungsangestellte fragt: Wie sollen wir an das Vermögen einer Holding auf den Jungferninseln kommen?

An solchen Fragen zerfasert die Diskussion. Das Problem der riesigen Vermögensunterschiede muss aber angepackt werden, weil es die Gesellschaft immer weiter polarisiert.

Der Weltökonom Thomas Piketty macht eine globale Vermögenssteuer als konkrete Utopie zum Zentrum seiner Überlegungen. Der Autor Paul Schreyer hat ausgerechnet, dass die beiden Haupt-Erben von Herbert Quandt (BMW) pro Stunde 250.000 Euro einnehmen, ohne etwas dafür zu tun.

Ein Land wie Italien könnte seine Finanzprobleme bewältigen, indem man die hohen Vermögen der Reichen besteuert. Die Italiener sind an Privatbesitz reicher als die Deutschen. Der Staat dagegen hat riesige Schulden; die Steuermoral und die Reichweite der Finanzbehörden sind offenbar gering. Ähnliches gilt auch für Griechenland.

Ist die Verteilung der Vermögen gerecht?

Um eine Entscheidung für oder gegen eine Vermögenssteuer herbeizuführen und gleichzeitig schon Details zu klären, kann das Moderatorenteam mit **Zwischenabstimmungen** die Diskussion fokussieren und auf einen Kompromiss lenken. Zur Frage der Vermögenssteuer könnten folgende Vorfragen geklärt werden:

Ist die Verteilung der Vermögen gerecht?

Soll die Ungleichheit durch eine einmalige Abgabe reduziert werden?

Soll es eine jährlich zu zahlende Vermögenssteuer sein?

Soll eine Vermögensabgabe in Form einer Erbschaftssteuer erhoben werden?

Soll die Vermögenssteuer nach Größe des Vermögens gestaffelt sein?

Dürfen produktive Firmen als Vermögen der Eigentümer besteuert werden?

Eine durch **Zwischenabstimmungen** gelenkte Diskussion verläuft ganz anders als eine Talk-Show; sie führt zu Ergebnissen und dient damit der Demokratie. Das Zwischenergebnis wird in der weiteren Diskussion nicht mehr in Frage gestellt. Zwischenabstimmungen haben so den Effekt, dass der Ablauf der Diskussion für die Teilnehmer spannend bleibt, sie binden die Disputanten an das Forum, wer die Zwischenergebnisse nicht kennt, ist nicht auf den Laufenden.

Am Ende soll es eine Abstimmung über das gesamte Ergebnis geben, an der sich voraussichtlich mehr Teilnehmer beteiligen als an den Zwischenabstimmungen.

Durch die laufenden Abstimmungen, welche die Diskussionen steuern, wird Respekt vor der Mehrheitsmeinung eingeübt. Damit hapert es in

Deutschland gewaltig. Gruppen von 200 Personen gehen auf die Straße und behaupten lautstark: Wir sind das Volk! Ein Grund für diesen mangelnden Respekt vor der Meinung der Mehrheit könnte sein, dass auch die deutsche Regierung keinen Respekt vor der Mehrheit des Volkes erkennen lässt.

Liste der Spielregeln von Demokrit

Die vorgeschlagenen Zahlen sind nur Beispiele, die in der Praxis variiert werden können. Es sind also variable Parameter. Die Optimierung soll ein ständiges Thema der Diskussion bleiben.

Das Forum, die Mitglieder, die Themen

Demokrit ist ein online-Forum, an dem jeder wahlberechtigte Bürger teilnehmen kann. Die Teilnahme geschieht neben den Personalien und einem Profiltext in Form verschiedener Eingaben:
**Themen (von den Moderatoren gestellt)
Antworten (Statements),
Kommentare zu den Antworten,
Themenvorschläge,
Bewertungen,
Abstimmungen (geheim)**

Demokrit ist politisch unabhängig und transparent, es verfolgt weder ideologische noch wirtschaftliche Interessen.

Die Teilnahme an Diskussionen ist nicht anonym, bei jeder Texteingabe wird der volle Name genannt.

Abstimmungen sind geheim. Es besteht die Möglichkeit, nur an den geheimen Abstimmungen teilzunehmen, nicht an Diskussionen. Dann bleibt man der Öffentlichkeit unbekannt wie der normale Wahlbürger.

Themen werden vom Moderatorenteam eröffnet und mit oder ohne Abstimmung beendet.

Klare Richtlinien bei der Eingabe

Diese Richtlinien haben den Sinn, das Forum nicht denen zu überlassen, welche die meiste Zeit zur Verfügung haben oder den stärksten Geltungsdrang besitzen.

Zur Äußerung von Antworten (Statements) steht für jeden eine Textmenge von 5.000 Zeichen (inclusive Leerzeichen) pro Woche zur Verfügung. Bei reger Beteiligung und guter Entwicklung einer Debatte kann diese Zahl durch die Moderatoren oder per Abstimmung verändert werden. Man kann diese Textmenge für Antworten auf mehrere Fragen verwenden oder zu einer Frage ausführlich seine Meinung formulieren.

Die Zahl der Antwort-Statements ist auf 5 pro Woche begrenzt, die Gesamtlänge bleibt bei 5.000 Zeichen. Jeder kann entscheiden, ob er fünf kurze oder ein ausführliches Statement abgibt. Das bedeutet, ob sie oder er bei einem oder mehreren Themen mitdiskutiert.

An Kommentaren sollen 25 pro Woche mit jeweils bis zu 200 Zeichen möglich sein.

Jeder Teilnehmer kann pro Monat ein Thema vorschlagen.

Bewertungen durch die Teilnehmer

Es gibt ein Datenfeld, um das Moderatorenteam auf Verstoß gegen die Spielregeln hinzuweisen. Dazu gehört eine Begründungszeile.

Antworten, Kommentare und Themen können von jedem Teilnehmer einmal mit plus, minus oder null bewertet werden.

Die Bewertung von Antworten ist auf 15 pro Woche begrenzt, die Bewertung von Kommentaren auf 25 pro Woche.

Zu Themenvorschlägen kann jeder seine Bewertung abgeben, unabhängig von der Zahl seiner sonstigen Stimmabgaben.

Aus 100 werden wieder 50

Wenn 100 Personen ihre Antwort zu einem Thema eingegeben haben, wird die Runde in zwei Gruppen aufgeteilt. Die Kommentare werden gelöscht. Die Teilnehmer und auch die später Hinzukommenden haben keinen Einfluss darauf, in welche Diskussionsrunde über das gewählte Thema sie einsteigen; es gilt das Zufallsprinzip. Ist eine neue Runde eröffnet, kann jeder seinen letzten Antworttext überarbeiten. Wenn der neue Text kürzer ist, gewinnt er Textvolumen; wenn er länger ist, wird die zusätzliche Zeichenzahl vom Wochenbudget abgezogen.

Geheime Abstimmungen

Abstimmungen von Moderatoren veranlasst.
Für jede Abstimmung gibt es eine Frist.
Bei Zwischenabstimmungen eine Woche,
bei endgültigen Abstimmungen ein Monat.
Die Ergebnisse der Abstimmungen werden unmittelbar nach dem Ende bekannt gegeben.

Diese Punkte sind Vorschläge für die Programmierung, keine Postulate oder Dogmen. Sie sollen die Unterschiede zu bestehenden Kontaktmaschinen und Kommentarspalten deutlich machen.

Demokratie im 21. Jahrhundert

Demokratie kommt nicht von selbst und ohne Mühe aus dem Internet. Wir müssen das Netz selber mit Demokratie füllen, frei ist von kommerziellen Interessen, frei von Ideologie und frei von politischem Einfluss oder dem Druck durch Parteien und Regierungen.

Wer die Demokratie ins 21. Jahrhundert transponieren will, wer Umwelt und Klima durch

Demokratie retten will, sollte sich dafür einsetzen, dass so etwas wie Demokrit Wirklichkeit wird. Es sollte nicht am finanziellen Aufwand scheitern; denn der ist in jedem Fall gering, viel geringer als der Aufwand für die Gründung einer Partei oder einer Zeitschrift. Der große Erfolg der 5-Sterne-Bewegung in Italien zeigt uns, was so ein Forum bewegen kann.

Demokrit und democracy-app

Das Forum Demokrit konkurriert nicht mit democracy app. Diese App ist ein Angebot, bei dem die Teilnehmer in die Arbeit des Parlamentes hineinschauen können, die Informationen der Parlamentarier lesen, selber über die gleichen Gesetze abstimmen und die Ergebnisse mit denen im Parlament vergleichen. Es ist informativ, ermöglicht aber nur parallele Entscheidungen.

Die democracy-app unterstützt damit den Parlamentarismus, frischt ihn auf und ist ein kritisches Element im veralteten System der Parlamentarischen Demokratie. Das Ziel ist, Transparenz im Bundestag herzustellen und über das Abgeordneten-Verhalten zu informieren.

Den Konzepten Demokrit und democracy-app ist gemeinsam, dass Abstimmungen der Teilnehmer möglich sind. Der große Unterschied:

democracy app **simuliert** eine Abstimmung über etwas, worüber der Bundestag abstimmt.

3.3
Steuern an der Geldquelle

Das Finanzamt rettet den Mittelstand

Wie kommt es, dass Firmen wie Apple, Amazon, Ikea, McDonalds, aber auch BMW, Siemens und die Deutsche Bank kaum Steuern hier im Lande zahlen, jeder normale Mitarbeiter dieser Firmen aber wohl? **Steuern vermeiden, trotz hoher Gewinne**, können nur internationale Konzerne, in denen verschiedene Firmen des gleichen Konzerns sich gegenseitig beliefern, z.B. mit den Bauteilen von Automobilen. Oder sie berechnen sich gegenseitig Dienstleistungen für Planung und Beratung oder sie erheben Lizenz-Gebühren dafür, dass eine Filiale den Namen der Firma führen und die gleiche Software benutzen darf.

Die Preise für solche "Leistungen" können innerhalb der Konzerne beliebig festgelegt werden. Konzerne können so den Gewinn einer Automobilfabrik A durch Gewinnabzüge für Leistungen einer Teilfirma B, in einem anderen Land, herunter manipulieren. Sie können den Gewinn auf die Firma B des Konzerns (im Ausland) verlagern.

Die Konzernleitung entscheidet nach eigenem Gutdünken, wo der Gewinn gemacht wird. Deshalb befindet sich die Zentrale von Amazon, die für die Geschäfte in Deutschland zuständig ist, in Luxemburg.

Die Konzerne machen den Gewinn also da, wo es ihnen passt, und das ist da, wo sie weniger Einkommensteuer (Körperschaftsteuer) zahlen, meistens in einem kleinen Land (Luxemburg, Irland, Malta), das Sonderkonditionen bietet. Steuer-Dumping nennt man das Vorgehen dieser Länder. Internationaler Freihandel oder ein Gebilde wie die EU sind dafür die beste Voraussetzung.

Der Gewinn entsteht buchungstechnisch in Luxemburg, Belgien, Niederlande, Irland oder gleich in den Steueroasen: Liechtenstein, Jungferninseln, Bahamas, Bermudas, Kaiman-Inseln, Panama. Hier bei uns sind aktive Betriebszweige oder Filialen und/oder Internet-Angebote, die das Geld der Konsumenten einkassieren.

Es werden Milliarden Euros und Dollars für Autos, Buchversand, Selbstbaumöbel, I-Phones, Hamburger oder Software eingenommen. Aber dort, wo der Gewinn dann nach der Verschiebung entsteht, befindet sich nur ein Büro mit drei Mitarbeitern, das sich Holding nennt, oder es gibt nur eine Briefkasten-Firma in Delaware, die von einer **Computer-Sektion simuliert** wird.

Im US-Bundesstaat Delaware gibt es viel mehr Briefkastenfirmen, als der Staat Einwohner hat. Die Firmen existieren nur auf der Festplatte eines Großrechners. Auf den britischen Jungferninseln gibt es 500.000 Firmen bei 31.000 Einwohnern. Man sagt, dahinter stecken legale Steuertricks, aber es ist in Wirklichkeit viel brutaler.

Die Staaten, in denen Menschen leben; große Staaten, die Steuern für ihre Infrastruktur und ihre sozialen Aufgaben benötigen, gehen leer aus, sie verschulden sich und verarmen. Und mit ihnen die Hälfte der Bevölkerung.

Das geschieht in USA, Großbritannien, Deutschland, Frankreich, Italien, Spanien, um nur einige zu nennen. Das Geld schwappt frei um den Globus, in ungeheuren Mengen, gesteuert von der sogenannten Finanzindustrie, die nichts herstellt, nicht einmal Software oder Beratung, sondern nur Geld disponiert, Geld kassiert, die Staaten und ihre Steuerzahler ausbeutet und lokale Regierungen noch mit dem Abzug von Kapital bedroht.

Lasst euch von Luxemburg nichts abluxen

Der Staat kann gegensteuern, durch Steuern. Genauer gesagt, er könnte, wenn er wollte. Die Regierungen aber sind seit bald fünfzig Jahren auf neoliberalem Kurs und damit Komplizen bei der Umverteilung.

Das Muster für das, was man tun kann, ist beim **Steuertrickser IKEA** einfach zu lernen. Anlässlich des Todes von Ingvar Kamprad, dem IKEA-Gründer, wurde publik, dass jede Filiale 3% ihrer Einnahmen als Lizenzgebühr in die Niederlande überweisen muss, wo Lizenzen steuerfrei sind wie in Delaware. **So muss man es machen!**

Genau so funktioniert auch eine Quellensteuer; sie wird direkt von den Einnahmen abgeführt. Es ist absurd, dass der IKEA-Konzern das vormacht und die Steuerbehörden schauen zu. Wenn Gewinn durch Gewinn-Verlagerung verschoben wird, hilft eine Quellensteuer. Gemeint ist nicht die Quellensteuer, die Banken einbehalten, gemeint ist das **Prinzip der Quellensteuer**.

Eine Quellensteuer besteuert direkt die Einnahmen an der Quelle, wo das Geld hereinkommt, nicht den Gewinn, der Finanzamt erklärt wird und der in ein anderes Land verlagert werden kann.

Vierzig Jahre falsche Politik

Seit mehr als 40 Jahren werden die Tricks der Gewinnverlagerung internationaler Konzerne praktiziert, seit 25 Jahren sind sie nicht nur bekannt, sie wurden sogar in einen populären Buch schon 1996 publiziert: Die Globalisierungsfalle. Das Buch legt alle notwendigen Fakten offen: **Riesige Gewinne** der globalisierten Finanzindustrie und der multinationalen **Konzerne** bei nahezu lächerlich geringen Steuern.

Gegen Gewinnverschiebung

Der Staat muss den legalen Steuer-Betrug nicht dulden, sondern er sollte mit der gleichen Härte zurückschlagen, mit der er von den Steuertricksern angegriffen wird. Das Kleinsteuerland Luxemburg hat zum Beispiel spezielle Vereinbarungen mit einzelnen Konzernen wie Amazon oder McDonalds abgeschlossen.

Eine mutige Regierung kann umgekehrt eine Steuer gezielt gegen Konzerne verhängen, genau so wie internationale Konzerne ihre Steuertricks gegen Staaten einsetzen, meistens gegen die großen Staaten, in denen sie das Geld verdienen. Das Zauberwort gegen Steuerflucht heißt Quellensteuer. Das Prinzip lässt sich auf alle Einnahmen multinationaler Konzerne anwenden:

Quellensteuer auf alle Einnahmen, auch auf Dienstleistungen über das Internet. Also auf jeden Hamburger, der bei McDonalds gegessen wird, jede Zahlung, die an Google für Internet-Werbung geht, und auf jeden Stuhl und jede Lampe bei Ikea, kommt erst einmal eine Quellensteuer von 3% und die wird lokal an der Quelle einkassiert. Wenn die Firma, die das Geld einnimmt, dann im Inland eine korrekte Steuererklärung abgibt, kann die bereits gezahlte Quellensteuer von der Einkommensteuer abgezogen werden.

Bis hier funktioniert es genau wie die Quellensteuer, die von Banken einbehalten wird. Aber, wenn die Einkommensteuer zu klein oder null ist, wird die Umsatz-Quellensteuer **nicht erstattet**. Jeder zahlt dann von seinem Umsatz wenigstens den Betrag von 3%, auch wenn er seinen Gewinn in dem Land auf Null herunter gerechnet hat.

Die Quellensteuer trifft also diejenigen am härtesten, die keinen Gewinn machen. Doch mit diesen Firmen stimmt etwas nicht!

Individuell besteuert

Die Quellensteuer sollte nicht zu gering, sondern wohl bemessen sein, im Idealfall auf den einzelnen Konzern **zugeschnitten**. Alle Aktiengesellschaften veröffentlichen Bilanzen und beziffern ihre Konzern-Gewinne, gerne ein wenig nach oben frisiert, damit die Aktien hoch gehandelt werden. Aus diesen Angaben lässt sich leicht die angemessene Höhe der Quellensteuer ableiten und in einem Land wie Deutschland mit hohen Verkäufen (einem großen Markt) lässt sie sich auch leicht durchsetzen.

Aus den veröffentlichten Jahresberichten ergibt sich meist ein Gewinnanteil am Umsatz in der Größenordnung von 10% oder mehr, damit prahlen sie öffentlich. Eine Körperschaftssteuer von wenigstens 35% wäre angemessen.

Wenn wir den Umsatz, also die Einnahmen, an die wir heran können, dann mit einer Quellensteuer von 3,5% belegen, entspricht das (bei 10% Gewinnanteil am Umsatz) einer Steuer von 35% auf den verlagerten Gewinn. Das wäre ziemlich genau der Ersatz für die entgangene Körperschaftssteuer.

Die Steuerbehörde sollte dabei weder zimperlich, noch kleinlich sein, sondern selbstsicher und fokussiert auf das Gemeinwohl und keine Rücksicht auf die Steuer-Dumping-Staaten nehmen, auch dann nicht, wenn sie zur EU gehören.

Der Staat begünstigt fast immer die Großen und benachteiligt die kleinen Unternehmen. **Es sollte umgekehrt sein.** Die fehlende Besteuerung der Gewinne von internationalen Konzernen, welche Gewinnverlagerung betreiben, wirkt sehr zu Ungunsten aller kleineren Firmen, mit denen sie konkurrieren.

Die Tricks der Gewinnverlagerung kann ja nur der anwenden, der international agiert und mehrere Firmen unter einer Holding vereint, die sich gegenseitig Gelder zuschieben, getarnt als Dienstleistung oder Lizenz. Lokale Firmen können das nicht. Die Steuergesetze mit Schlupflöchern zermürben den Mittelstand, das lässt Innenstädte veröden und vernichtet die Urbanität unserer Städte.

Der größte Killer des Einzelhandels ist der Internet-Riese Amazon. Niemand bremst die Expansion, aber hunderttausende Geschäfte und Millionen Menschen werden geschädigt, weil die Staaten Amazon nicht stoppen.

Wo früher Buchhandlungen, Schreibwarengeschäfte, Läden für Haushaltswaren und Textilläden mit freundlicher Beratung und persönlichem

Geschmack der Inhaberinnen waren, schieben sich heute die Schnellaster der Paketdienste durch die Straßen. Die gestressten Zustellerinnen und Zusteller gehören meist zum Billiglohnsektor. Viele sind **Scheinselbständige**.

Dem könnte man per Gesetz mehrere Riegel vorschieben. Zunächst einmal Umsatz-Quellensteuer auf alle Zahlungen an Amazon, egal, wohin das Geld geht. Die Höhe wird bemessen am Konzerngewinn. Und zugunsten der Paketzusteller eine **Mindestzustellgebühr von 5 Euro** für alle Pakete. Die Mindestgebühr geht an die Transportfirmen, von denen die Zusteller dann etwa 2 Euro abbekommen, in ländlichen Regionen mehr.

Jeff Bezos ist mit seiner Gier, alles an sich zu reißen, der reichste Mann der Welt geworden. Da stimmt etwas nicht. Die Staaten können dem Einhalt gebieten, aber es macht keinen Sinn auf die USA zu warten, die das alles zugelassen und begünstigt haben. Dort hat man zwar schon vor hundert Jahren erkannt, dass es keine Monopole geben darf. In der IT-Branche und im Internet duldet man aber die großen Monopole: Microsoft, Amazon, Facebook, Google...

Es ist Zeit, das hier bei uns in Angriff zu nehmen und ab sofort zu ändern. Regierungen, **holt euch das Geld, da wo es ist!**

3.4
Mehrwertsteuer gestaffelt
Für Gesundheit, Umwelt und viel Diskussion

Die Mehrwertsteuer wird als eine Konsumsteuer angesehen, was sie überwiegend auch ist. Als Konsumsteuer ist sie deshalb ungerecht, weil Konsumausgaben für die Familien, die weniger Einkommen haben, einen viel höheren Anteil ausmachen. Für Wohlhabende aber ist der Konsum nur ein kleiner Teil ihres Einkommens. In der bestehenden Form belastet die Mehrwertsteuer die Bürger um so mehr, je weniger sie ihr Geld für Immobilien, Fernreisen und Vermögensbildung ausgeben (können).

Genau besehen ist die Mehrwertsteuer aber eine Steuer auf den Kauf und auf Dienstleistungen, z.B. auf die Honorare von Anwälten. Auch wenn die Lufthansa in den USA ein Passagierflugzeug kauft und nach Deutschland fliegt, dann ist am ersten Flughafen die Mehrwertsteuer in Höhe von Millionen fällig. Das ist kein Konsum, es ist aber auch keine hohe Belastung für die Lufthansa, weil die bei der Einfuhr gezahlte MWSt am Ende des Jahres von der Steuer auf verkaufte Tickets abgezogen wird. Die Lufthansa zahlt eigentlich gar nicht die MWSt, sondern sie kassiert sie für den Staat nur ein, wie jeder andere Dienstleister und Händler auch.

Interessant ist die Frage: Welche Käufe sind von der MWSt ausgenommen? Da fällt sofort auf, dass **alle Finanzgeschäfte von dieser Steuer ausgenommen** sind.

Wer ein Aktienpaket für 100.000 Euro kauft, zahlt keine MWSt. Wer sich aber für dieses Geld einen Porsche kauft, zahlt Steuer und wenn er den Wagen dann zu Schrott fährt, hat er auch die gezahlte Mehrwertsteuer verloren.

Wer aber Aktien von Wirecard gekauft hat, die sich als wertlos herausstellten, der hat nur den Verlust des Aktienwertes, den seine Bank, die das Aktiendepot führt, bei der Jahresbilanz verrechnet. An diesem Beispiel sieht man, dass die Finanzwirtschaft hier schon wieder **ein Privileg** hat, das der Staat ihr einräumt.

Das System der Mehrwertsteuer lässt sich sinnvoll verfeinern, um die Lohnarbeit und gesundes Leben von Konsum-Steuern zu befreien und statt dessen Umweltbelastung, CO_2-Ausstoß, Energieverschwendung, Luxus, Flugreisen oder exzentrische Vergnügen stärker zu besteuern.

Die Mehrwertsteuer hat drei Steuersätze, die rechnerisch voneinander unabhängig sind. Zur Zeit (2021) sind das 19%, 7% und 0%. Dabei gilt 0% zum Beispiel für ärztliche Leistungen, 7% für Bücher und frische Lebensmittel wie Obst, Gemüse und Fleisch und 19% für alles andere, also

Konsumartikel, Dienstleistungen, Industriegüter, Alkohol, Zigaretten und Luxus.

MWSt-Satz und Multiplikations-Faktor

Nach dem Stand der Technik werden fast alle Rechnungen mit Computerhilfe erstellt, es ist also leicht möglich, ohne zusätzlichen Zeit- und Arbeitsaufwand ein etwas komplizierteres, aber sinnvolles System einzuführen. Das würde wenig zusätzlichen Programmier- und Speicheraufwand erfordern.

Wir wollen neben einem einstelligen Mehrwertsteuer-Satz zusätzlich für alle Artikel und Dienstleistungen eine Zahl als Multiplikations-Faktor einführen. So ergibt sich eine gestaffelte Mehrwertsteuer. Der Faktor sollte eine einfache Zahl von null bis sieben sein. Bei einem MWSt-Satz von **7%** erhalten wir dann folgende Staffelung:

Faktor	0	1	2	3	4	5	6	7
Steuer	0%	7%	14%	21%	28%	35%	42%	49%

Bei einem **Steuersatz von 8%** ergäbe sich

Steuer	0%	8%	16%	24%	32%	40%	48%	56%
Faktor	0	1	2	3	4	5	6	7

Mit Computerhilfe ist eine gestaffelte Mehrwertsteuer auch auf komplizierten Rechnungen im Großhandel leicht zu ermitteln, ebenso bei handwerklichen Leistungen, die Arbeitswerte, Material und technische Bauteile enthalten. (Es ist wesentlich, dass Arbeit, Material und Bauteile unterschiedlich besteuert werden.)

Welche Vorteile hat so ein System?

Der entscheidende Vorteil ist der, dass eine gestaffelte Mehrwertsteuer Konsumvorgänge und Dienstleistungen gerechter und gezielter belastet oder entlastet. Zur Förderung der Gesundheit durch gesunde Ernährung, zum Schutze der Umwelt, **Belastung von CO_2-Ausstoß**, zur Förderung kultureller Darbietungen.

Dabei soll nicht das Steueraufkommen insgesamt erhöht werden. Die Steuern werden nur spezifiziert. Um die Steuer insgesamt zu erhöhen oder zu senken, verändert man den Steuersatz, nicht den Multiplikator. Die folgenden Vorschläge sind spontane Ideen, die zur Disposition stehen, ein Ausufern von Detail-Debatten sollte an dieser Stelle nicht das Projekt verhindern.

Beispiel Lebensmittel

Im Lebensmittel- und Genussmittelbereich gibt es zur Zeit zwei MWSt-Sätze, 7% für frische

Erzeugnisse und 19% für alles andere und das, egal, wie gesund die Lebensmittel sind, wo sie her kommen und welche Schäden sie verursachen. Bekanntlich entstehen durch falsche Ernährung große Schäden für einzelne Personen und auch für die Allgemeinheit, weil Nahrungs- und Genussmittel falsch eingeschätzt und bewertet werden.

Weil Zucker (erst seit 500 Jahren) ein billiges Industrieprodukt ist, reagieren fast alle Menschen, besonders Kinder, falsch auf süße Speisen und verlieren so die Kontrolle über den Konsum von Zucker. Die Nahrungsmittelindustrie nutzt das rücksichtslos aus und schafft Kaufanreize durch billigen Zucker in Süßigkeiten und Backwaren.

Hier sind Vorschläge zur Steuerung des Lebensmittelkonsums:

Faktor   Lebensmittel

0 frisches Gemüse und Obst auf Märkten, unverpackt oder direkt von Erzeugern
1 Gemüse und Obst der Region im Handel, biologische Grundnahrungsmittel
2 Grundnahrungsmittel wie Brot, Reis, Nudeln, Getreide, Import-Gemüse EU
3 Gemüsekonserven, Fette, Öle, Milch, Käse, Getränke ohne Alkohol und ohne Zucker, Fertigprodukte

4 Fleisch, Fisch, Süßigkeiten, Säfte, süße Getränke, Marmelade, Konditorei, Brotaufstriche, Gefrorenes, Bier
5 Rindfleisch, Feinkost, Wein, Kaffee, Tee, Energiedrinks, Flugimporte Obst und Gemüse
6 Sekt, Spirituosen, Vitaminpräparate, Traubenzucker, Pralinen
7 Tabak, Zigaretten, Aufputschmittel

Beispiel Dienstleistungen

Im Bereich der Dienstleistungen lassen sich durch gestaffelte Mehrwertsteuer entscheidende Impulse setzen. Die Löhne im Handwerk sind durch hohe Sozialabgaben verteuert, es ist unsinnig, sie auch noch mit 19% Mehrwertsteuer zu belasten. Das leistet der Schwarzarbeit Vorschub und verhindert sinnvolle Reparaturen. Die Lohnarbeit soll weitgehend von zusätzlichen Konsum-Steuern befreit werden.

Faktor   Material und Leistungen

0 Pflegedienste, Betreuung, Bildung, Therapie, medizinische Massagen
1 Handwerkliche Leistungen, Friseure, Gärtner, Schneider, alle Reparaturen, Gastronomie, Reinigung, öffentlicher Transport, Taxis, Anwaltsgebühren

2 Bauhandwerk, einfaches Baumaterial, Holz, Stein, Pflanzen
3 Eisenwaren, Werkzeuge, Papier, Textil (Stundenlöhne Multiplikator 1)
4 Technische Geräte, Werkzeugmaschinen, Auto-Transportwesen, Farben, Edelmetall einschließlich Aluminium und Kupfer
5 Technische Unterhaltung, Batterien, Akkus, Heizmaterial
6 Nichtmedizinische Massagen, elektrische Sauna, Animation, Flugreisen, Flugtransport, Kreuzfahrten, Kerosin
7 Erotische Darbietungen und ähnliche Dienstleistungen, Adrenalin-Sport

In Frankreich hat man bereits einen geringen MWSt-Satz auf viele (hausnahe) Dienstleistungen von nur 5,5%. In Deutschland können reiche Leute solche Dienstleistungen von der Steuer absetzen. Gering- und Normalverdiener können das nicht. Ähnliches git für Anwaltsgebühren. Privatleute müssen 19% MWSt für den Anwalt zahlen, Firmen können die Steuer verrechnen und zahlen gar nichts.

Sonstige Vorschläge

Kulturförderung durch gestaffelte Mehrwertsteuer. Die fehlenden Einnahmen werden durch höhere Besteuerung von Technik und exzentrischen

Vergnügen ausgeglichen.

Faktor Kunst, Sport, Kultur, Extremes

0 Kunstwerke direkt vom Künstler, Kunsthandwerk, deutsche Literatur
1 Sonstige Bücher, Tonträger, Theater, Kunsthandel, Konzertveranstaltungen
2 Filmtheater, Kleinkunst, Märkte
3 Kleidung, Möbel, Haushaltsgeräte, DVDs, Telefon
4 Computer, Diverse Elektronik, Spielzeug, PKW bis 35.000 Euro neu
5 Heizöl, Gas, Flugzeuge, Kosmetik, Geländewagen, SUV, PKW ab 35.000 Euro
6 Geräte für Extremsportarten, Gold, Schmuck, Computerspiele
7 Feuerwerk, Sportwagen, Motorräder, Privatflugzeuge, Hubschrauber

Es wird schwer fallen, gegen alle Lobbyisten und Interessengruppen (Automobilindustrie, Energiewirtschaft, Finanzwelt) so ein System durchzusetzen, da es einzig der Vernunft gehorcht und dem Allgemeinwohl dient. All das hat keine Lobby, weil sich mit Vernunft, Konsumgerechtigkeit, Umweltschutz, Gesundheit (im Gegensatz zu Krankheit und Gesundheitsversprechen) kaum viel Geld verdienen lässt. Nichts wird übrigens heftiger verteidigt als ungerechtfertigte Privilegien.

Es besteht die Möglichkeit, zunächst mit Dingen anzufangen, für die sich leicht ein öffentlicher Konsens finden lässt. Zum Beispiel höhere Besteuerung von gesundheitsschädlichen Lebensmitteln, wie Zucker, Fett, Billigfleisch, Alkohol.

Ist das System der gestaffelten Mehrwertsteuer mit zwei Parametern, dem Steuersatz und einem Multiplikator, erst einmal eingeführt, kann die Staffelung nachgebessert und verfeinert werden. Die Einordnung aller Artikel und Dienstleistungen ist ein weites Feld für Politiker-Versprechen, Parteien-Gezänk und Talk-Shows. Der Bedarf an solchen Darbietungen scheint hoch zu sein, leider mangelt es oft an Themen.

Eine sinnvolle Einteilung in Warengruppen existiert bereits sowohl im Zolltarif als auch bei der Zuordnung von Bar-Codes. Man sollte das Problem der Einstufung nicht Politikern, sondern Fachleuten überlassen.

Verbesserungen in Handel und Gewerbe

Wenn Materialien, Bauteile, Geräte und Arbeitsleistung unterschiedlich besteuert werden, lohnt es sich wieder, Dinge zu reparieren. Das entlastet den Energiehaushalt und die Umwelt.

Auch Schwarzarbeit lässt sich dadurch bekämpfen, dass die Löhne im Handwerk von Steuer entlastet, Maschinen, Chemieprodukte, Materialien,

Bau- und Ersatzteile dagegen höher besteuert werden, insbesondere in den Baumärkten.

Es wäre sinnvoll, Alles-Anbieter, wie Kaufhäuser, Baumärkte, Versandläden (Amazon) oder die typischen Fremd-Angebote der Lebensmittel-Discounter gegenüber Fachgeschäften jeweils eine oder zwei Stufen höher zu belasten, damit Fachpersonal in Fachgeschäften bezahlt werden kann.

Die gestaffelte Mehrwertsteuer ist ein ideales Instrument zur Steuerung von Konsum und Entscheidungen im Handel und bei Dienstleistungen, zum Wohle des Einzelnen und der Gemeinschaft. Man kann damit alles steuern, was sich mit Geld steuern lässt.

3.5
Die Soziale Quellensteuer
Computer, Roboter und künstliche Intelligenz werden in das Sozialsystem integriert.

Die Staaten haben es sich zu einfach gemacht, indem sie Steuern hauptsächlich von denen nehmen, deren Einkommen sie leicht ermitteln können und auf deren Geld sie einen bequemen Zugriff haben. Das Ergebnis ist, dass die durchschnittlichen Einkommen der abhängig Beschäftigten doppelt und dreifach belastet werden.

1. Durch Lohn- und Einkommensteuer von den Gehältern

2. Durch Mehrwertsteuer bei Konsum und Dienstleistungen

3. Durch Sozialabgaben von ca. 40%, die man aber nicht Steuer nennt, und die von Arbeitnehmer und Arbeitgeber je zur Hälfte abgeführt bzw. einbehalten werden.

All diese Belastungen treffen die Mittel- und Unterschicht besonders hart, während Finanzeinkünfte weitgehend ungeschoren bleiben und Firmengewinne klein gerechnet und in Steueroasen verschoben werden.

Die hohen Sozialabgaben machen **Menschen unrentabel gegenüber Maschinen, Robotern,**

Computern und künstlicher Intelligenz.

Alle Sozialabgaben müssen von den Firmen und ihren Beschäftigten gemeinsam erwirtschaftet werden. Dass die Hälfte der Sozialabgaben auf den Lohn- und Gehaltsabrechnungen im sogenannten Bruttolohn erscheint, aber dann gleich einbehalten wird, ist ein optischer Trick. Niemand, der rechnen kann, lässt sich dadurch täuschen.

Durch die Sozialabgaben, wird es für jedes Unternehmen schnell rentabler Maschinen anzuschaffen, als Menschen zu beschäftigen. Nehmen wir an, eine Bürokraft wolle 20.000 Euro netto im Jahr verdienen, dann muss die Firma in 5 Jahren zu den 100.000 Euro an Gehalt noch etwa 40.000 an Sozialabgaben aufbringen.

Eine Investition von 100.000 Euro netto in EDV und Büromaschinen würde dagegen nur mit einer MWSt von 19.000 belastet, die das Unternehmen gegen eingenommene Steuer verrechnen kann. Man muss kein Unternehmensberater sein, um zu sehen, dass bei diesem Vergleich die Investition in Maschinen mehr Gewinn bringt, als Hilfskräfte einzustellen.

Der Mensch als Zielgruppe

Dadurch entsteht ein unsozialer Trend, der durch künstliche Intelligenz jetzt noch verstärkt wird: Der Mensch wird durch Maschinen aus der Arbeit, der

Wirtschaft und auch aus der Verwaltung verdrängt. Er wird zur Last für Wirtschaft und Staat. Trotzdem bleibt der Mensch Zielgruppe für Konsum, für Werbung und für die Medien.

Die technischen Entwicklungen unterdrücken den körperlichen Drang aller Menschen zur Aktivität, die geistige Anlage zur Kreativität und das natürliche soziale Bestreben, für die eigene Lage, die der Kinder und die der eigenen Familie im positiven Sinne verantwortlich zu sein.

Der mathematische Fehler in diesem System besteht darin, dass der Sozialetat des Staates fast ausschließlich durch die Sozialabgaben auf Löhne und Gehälter (bis zu einer bestimmten Höhe) bestritten wird. Alle anderen Zuwendungen und Vergünstigungen an das Personal, also Provisionen, Bonus-Zahlungen, Firmenwagen, luxuriöse Reisen zu Konferenzen, werden davon nicht erfasst. Es ist nicht überraschend, dass überwiegend das gehobene Personal profitiert.

Am Ende wird immer mehr die Leistung von Maschinen und Computern genutzt, um Konsumgüter zu produzieren, die aber alle kaufen sollen. Maschinen zahlen jedoch keine Sozialabgaben und kaufen keine Waschmaschinen. Dass aber Rentner, Pensionäre, Studierende und die Schwächsten im Staat überhaupt konsumieren können, das garantiert nur der Sozialstaat.

Hier gabelt sich der Weg

Um soziale Gerechtigkeit zu verwirklichen, muss das System von Steuern und Sozialabgaben entschieden verändert werden. Die Sozialpolitik hat hier seit Jahrzehnten versagt, aber es ist mit etwas Verstand und gutem Willen möglich, das zu ändern. **Eine sehr Elegante Möglichkeit ist die Soziale Quellensteuer.**

Das Modell der Sozialen Quellensteuer ähnelt technisch ein wenig der Mehrwertsteuer, beide Steuern werden nicht fällig beim Geldverdienen, sondern beim Geldausgeben. Gegenüber anderen Modellen hat die Soziale Quellensteuer den großen Vorteil, dass keine neuen Erhebungen oder strittige Bewertungen der Finanzämter nötig sind, um sie zu verwirklichen, nur ein paar Rechenoperationen aus vorhandenen Daten, die mit Computerhilfe automatisch ausgeführt werden.

Für eine neo-soziale Wirtschaft

Die Soziale Quellensteuer wird wie die Mehrwertsteuer und **zusätzlich zu dieser** bei der Bezahlung jeglicher Waren, Dienstleistungen oder Honorare erhoben. Sie wird wie die Mehrwertsteuer mit Vorsteuern der gleichen Art verrechnet. Das spezielle aber ist, sie wird **auch mit den gezahlten Sozialabgaben verrechnet**.

Durch diese Regel bewirkt die Soziale Quellensteuer ganz Erstaunliches:

Sozialabgaben werden halbiert.
Roboter und Maschinen leisten einen Beitrag zum Sozialetat.
Produktionsverlagerung ins Ausland wird weniger rentabel.
Billig-Importe werden stärker belastet.
Soziale **Besteuerung von Internetanbietern** wird möglich.
Scheinselbständigkeit wird sinnlos.

Die Höhe der Steuer und die Höhe der Sozialabgaben, die dann gesenkt werden, sind zwei Parameter, mit denen das System sanft eingeführt und ausbalanciert wird. Das Aufkommen beider Komponenten muss in der Summe den Bedarf des Sozialstaates decken. Durch diese Bedingung sind die beiden Komponenten aneinander gekoppelt, was noch genauer erläutert wird.

Warum Quellensteuer?

Viele reden von Sozialer Gerechtigkeit. Sie meinen damit in der Regel Geldverteilung an berechtigte Empfänger. Man streitet sich um Ausgaben für Gesundheit, Renten, Bildung, Kitaplätze, Polizei, Straßen und Rüstung; die Asymmetrie bei der Erhebung von Steuern wird nicht diskutiert und nicht beseitigt.

Gegen progressive Veränderungen hört man oft das Argument: Nur nichts verkomplizieren! Das bestehende System ist kompliziert genug, so dass keiner mehr durchblickt. Die Kompliziertheit liegt aber bei der Erklärung der Einkommensteuer, genauer gesagt, bei der **Gewinnermittlung, mit allen Abzügen, Ausnahmen und Tricks**.

Ein Heer von Steuerberatern, Spezialanwälten und internationalen Kanzleien arbeitet intensiv daran, die Steuereinnahmen der Staaten herunter zu schrauben. Diesen Leuten drohen bei einem einfachen, gerechten Steuersystem enorme Einbußen, sie werden versuchen, es zu verhindern.

Das Konstrukt der Sozialabgaben

Der Begriff Soziale Quellensteuer ist neu, obwohl es längst eine Soziale Quellensteuer gibt, nur diese Abgabe wird nicht Steuer genannt. Es handelt sich um die obligatorischen Sozialabgaben. In Deutschland werden sie prinzipiell zur Hälfte von Arbeitnehmern und zur Hälfte von Arbeitgebern erhoben. Das ist ein Täuschungsmanöver. Es soll über die enorme Höhe der Abgaben hinweg täuschen.

Die Höhe von etwa 40% in der Summe macht die Beschäftigung von Menschen in der Wirtschaft teuer und schnell unrentabel, so dass immer versucht wird, mit gewaltigen Investitionen die Produktion **ohne Menschen** und mit riesigem Aufwand an Geld, Material, Energie, Transport, Abfall und Umweltbelastung zu betreiben.

Wer eine Industriefirma so umbaut, dass viele Menschen entlassen werden, die Produktion in Billiglohnländer verlagert wird, und so, dass der Gewinn in einer Steueroase entsteht, ist ein Held der Ökonomie.

Das ist ein Irrweg der Entwicklung hin zu unlösbaren Problemen. Dieser Trend dient der Finanzherrschaft und wird durch die immer leichtere Verfügbarkeit von Geld beschleunigt.

Sozialabgaben sind eine Quellensteuer

Eine Steuer, die direkt vom Einkommen abgezweigt wird, nennt man Quellensteuer; denn sie wird an der Quelle des Geldes erhoben. Die Sozialabgaben sind also eine sehr hohe Quellensteuer, man könnte auch sagen, soziale Quellensteuer; doch das nur zur Klärung der Definition. Den Begriff Soziale Quellensteuer verwenden wir ausschließlich für das neue Konzept.

Besonders merkwürdig an den Sozialabgaben ist die Obergrenze, oberhalb der keine Krankenversicherung mehr zu zahlen ist und der Betrag sich nicht mehr erhöht. Dass dies nie geändert wurde, hängt vielleicht damit zusammen, dass diejenigen, die Gesetze machen, die Bundestagsabgeordneten, sich oberhalb dieser Bemessungsgrenze bewegen und von der Ungerechtigkeit persönlich profitieren.

Gerechtigkeit beim Kassieren

Das Konstrukt der Sozialabgaben verleitet die Wirtschaft zu den bekannten Tricksereien:
Subunternehmer, Scheinselbständigkeit, Werksverträge, Verlagerung in Billiglohnländer. Vor allen Dingen drängen die herkömmlichen Sozialabgaben die Unternehmen dazu, menschliche Arbeit durch Maschinen, Computerprogramme, Roboter und künstliche Intelligenz zu ersetzen.

Politiker haben das alles bisher so laufen lassen, obwohl die technische Entwicklung dann gegen die Wähler, welche die Parteien vertreten, arbeitet. Sie **förderten die Gier** nach höheren Gewinnen und machten Menschen unrentabel. Jetzt zeigt sich, dass diese Entwicklung nur in eine Richtung geht und völlig aus dem Ruder läuft:
Im Bereich jenseits der Bemessungsgrenze der Sozialabgaben, grob gesagt, oberhalb von 5.000 Euro im Monat, steigen die Sozialabgaben nicht mehr weiter und die Krankenkasse ist freiwillig. Das Ergebnis ist:
Die Wirtschaft verteilt die Gewinne systematisch

nach oben unter die Besserverdienenden und vermeidet Sozialabgaben, die der Allgemeinheit dienen.

Die Einkommen von höheren Angestellten und Managern oberhalb dieser Grenze, nebst Bonus-Zahlungen und Gewinnbeteiligungen und erst recht die Gewinne der Firmen sind in den letzten 30 Jahren gewaltig angestiegen. Die Einkommen im mittleren und unteren Bereich dagegen stagnieren (inflationsbereinigt) schon lange. Das ist kein Zufall. Es liegt an der Konstruktion der Sozialabgaben.

Leistung muss sich für alle lohnen. Und zwar für alle, die an der Leistung der Wirtschaft beteiligt sind und nicht nur für diejenigen, die an der **Abschöpfung von Gewinn** beteiligt sind.

Zwei Komponenten gekoppelt

Um die soziale Ungerechtigkeit zu beheben, nutzt das System der Sozialen Quellensteuer zwei Komponenten. Die erste Komponente sind die herkömmlichen Sozialabgaben auf Löhne und Gehälter. Sie werden, um es übersichtlicher zu machen, ganz auf die Arbeitgeberseite verlagert. Für die Beschäftigten gilt: **Brutto gleich netto**.

Diese Sozialabgaben werden dann selbstverständlich erweitert auf alle Einkünfte, ohne Bemessungsgrenze: alle Löhne, Gehälter, Honorare,

Provisionen, Bonus-Zahlungen und materiellen Zuwendungen. Die prozentualen Anteile fallen dann schon niedriger aus wegen der breiteren Grundlage und erst recht wegen der zweiten Komponente.

Die zweite Komponente ist eine Quellensteuer auf alle Einnahmen der Firmen (nicht Einkünfte, nach Steuererklärung!). Die Soziale Quellensteuer ist wie die MWSt monatlich fällig. Bei ausländischen Firmen wird sie aus den Zahlungen auf die entsprechenden Konten ermittelt und im Ernstfall bei Auslandsüberweisungen eingezogen.

Systemänderung durch Rechentrick

Beide Formen der sozialen Besteuerung fließen in den Sozialetat und sind durch Verrechnung aneinander gekoppelt. **Das ist rechnerisch einfach, aber etwas schwer zu verstehen.**
Von der monatlich zu zahlenden SQ wird zunächst der Betrag abgezogen der als Vorsteuer (im gleichen Sinne wie die Vorsteuer bei der Mehrwertsteuer) durch den Einkauf von Waren und externen Dienstleistungen bereits erhoben wurde. Dann kommt der entscheidende Schritt, der zur direkten Kopplung an das Sozialsystem führt:

Die Summe der geleisteten Sozialabgaben wird von der zu zahlenden SQ abgezogen. Die kann dann bis auf null reduziert werden, nicht aber unter null. **Erstattet wird nichts.** Wie bei der Umsatz-Quellensteuer.

Die Soziale Quellensteuer soll am Ende so hoch sein, dass sie, z.B. im Handel, die Sozialabgaben einer Firma übersteigt. Nicht aber bei den Firmen, die zahlreiche Beschäftigte in regulären Arbeitsverhältnissen haben und gut bezahlen. Diese Firmen müssen **gar keine SQ** mehr abführen, weil sie durch die Sozialabgaben kompensiert wird.

Auswirkung auf Firmen und Beschäftigte

Der erste Effekt dieser Maßnahme ist der, dass die Sozialabgaben insgesamt um das Aufkommen der Sozialen Quellensteuer gesenkt werden. Bei einem Satz von **10% bis 12%** werden die Soziale Quellensteuer und die Sozialabgaben jeweils die **Hälfte des Sozialetats** abdecken. Genau dann ist der Effekt auf die Wirtschaft am größten.

Wenn man den Steuersatz für die SQ immer weiter erhöht, über 10% und 12% hinaus, dann wird die Summe der Eingenommenen Beträge fast überall höher als die Summe der Sozialabgaben. Die Summe aus beiden Beiträgen ist aber festgelegt, sie soll den Sozialetat abdecken.

Das bedeutet, wenn der Steuersatz der SQ steigt, sinken die Sozialbeiträge. Würde die Steuer (Vielleicht bei 20%) den gesamten Sozialetat abdecken, müssten die Sozialabgaben auf null sinken. Dann entfällt der Effekt, dass die Beiträge von der Steuer abgezogen werden können. Die ganze Sache würde sinnlos.

Sind die Summen beider Komponenten ungefähr gleich groß, also 50% kommen von den Sozialabgaben und 50% von der Sozialen Quellensteuer, dann ist der Effekt, den dieses Verfahren hat, am günstigsten.

Die sozialen Unternehmen und Firmen-Konzepte werden um bis zu 10% begünstigt, die unsozialen sind benachteiligt. Dieser Effekt von 10% ist gewaltig. Der Effekt ist so hoch, weil jetzt die Sozialabgaben so hoch sind. Die SQ ist dabei viel gerechter als das bestehende System.

Wegen dieser etwas komplizierten Automatik ist es angesagt, die Steuer langsam einzuführen, man **beginnt bei 1% oder 2%** und steigert den Prozentsatz und sieht, was dabei heraus kommt. Die Wirtschaft hat Zeit zu reagieren und wird bald mehr in das Personal als in Maschinen investieren. Man kann es auch so ausdrücken: Maschinen und Roboter werden über die SQ am Sozialetat beteiligt.

Wenn man den Steuersatz für die SQ immer weiter erhöht, über 10% und 12% hinaus, dann gehen die Sozialabgaben für mehr Firmen gegen null, sie entfallen schließlich, weil die Summe beider Komponenten den Sozialetat ausmachen soll. Dann kann aber niemand mehr Sozialabgaben von der SQ abziehen und der steuernde Effekt auf die Wirtschaft geht verloren. Die optimale Steuerung ist eine Frage der Balance.

Mensch, Maschine und Roboter

Jede unvoreingenommene Überlegung zeigt, dass es sinnvoll ist, wenn Industrieroboter nicht nur Gewinn für Unternehmen erwirtschaften, sondern auch zum Sozialstaat beitragen. Umgekehrt ausgedrückt: Es darf nicht rentabel sein, eine Maschine deshalb anzuschaffen, weil sie keine Sozialabgaben zahlt, das heißt, weil sie den Vorteil hat, kein Mensch zu sein, der ein soziales Umfeld beansprucht.

Die jetzige Konstruktion des Steuer- und Sozialrechts begünstigt Maschinen, Computer und Roboter gegenüber lebendigen Menschen. Das muss sich radikal ändern.

Auswirkungen auf die Gesellschaft

Die Soziale Quellensteuer beinhaltet automatisch eine Sozialversicherung für Selbständige. Auch, wer niemanden beschäftigt, zahlt die Soziale Quellensteuer auf seine Einnahmen und soll dadurch mit seiner Familie sozialversichert sein. Damit sind Selbständige auch sozialversichert wie das in anderen Ländern, zum Beispiel in Belgien, der Fall ist.

Das Problem der Scheinselbständigen entfällt, es macht keinen Sinn mehr. Was gegenüber einem regulären Arbeitsverhältnis an Sozialabgaben eingespart wird, wird durch die unvermeidbare Soziale Quellensteuer wieder aufgefangen.

Verlierer sind die Steuer-Optimierer

Die Verlagerung von Arbeit in Billiglohnländer ist nicht mehr so rentabel wie bisher. Versand-Firmen und Konzerne wie Amazon, die hierzulande viel kassieren, ihre Geschäfte offiziell aber von einer Steueroase aus lenken und ihr Logistik-Personal in den Mindestlohn drücken (oder ihre Subunternehmer), werden deutlich mehr zur Kasse gebeten; denn sie machen viel Umsatz, können aber nur wenig Sozialabgaben von der Sozialen Quellensteuer abziehen. **Amazon wird teurer, der lokale Handel kann die Preise senken.**

Auch Dienstleister wie **Google-Alphabet** oder Facebook, die über das Internet Gewinne erzielen und im Ausland residieren, beteiligen sich dann durch die Soziale Quellensteuer am Sozialsystem, weil alle Zahlungen vom Inland her, für Werbung, mit der Sozialen Quellensteuer belegt werden. Wenn sie keine Mitarbeiter hier haben, können sie nichts absetzen. Genau deshalb muss es eine Quellensteuer sein, damit Steuer- und Sozialflucht nicht mehr möglich ist.

Die neo-soziale Wirtschaft

Der normale Mittelstand, der anders als Großkonzerne, mit gut bezahlten Fachkräften und einheimischen Hilfskräften agiert, steht wieder besser da. Es ist offensichtlich, dass der Mittelstand zur Zeit durch die Politik zerstört wird, welche die Großkonzerne bevorzugt. (Politikerinnen denken gerne groß, weil viele von ihnen gernegroß sind.) Dieser Trend muss dringend gestoppt werden.

Nach Einführung der SQ sollten alle Beschäftigten deutlich mehr Geld in der Tasche haben, sie müssten aber etwas mehr für Billigtextilien, Paketzustellung und das Telefonieren ausgeben.

Sollte man das Modell in Ländern mit hoher Arbeitslosigkeit anwenden, ist es besonders interessant. **Man kann mit der Sozialen Quellensteuer Arbeitslosigkeit bekämpfen.** Wenn Firmen Schwierigkeiten haben, Beschäftigte zu finden, müssen sie Löhne und Gehälter erhöhen. Menschen werden wieder wertvoller gegenüber Maschinen, Robotern und Importen.

Realisierung und Erfolg

Es wurde schon erwähnt, dass zur Einführung der Sozialen Quellensteuer keine weiteren Erhebungen erforderlich sind. Alle Größen zur Berechnung sind bekannt:

Höhe der **Einnahmen**
Höhe der **Sozialabgaben**
Die **Vorsteuer** ist auf den Rechnungen (wie die MWSt) ausgewiesen.

Es gibt **zwei Parameter**, die es möglich machen, das System auszutarieren:
Höhe der Sozialen Quellensteuer (etwa 10%)
Höhe der Sozialabgaben (etwa 20%).

Diese beiden Zahlen sind aneinander gekoppelt, weil die Summe beider Einkünfte den Sozialetat des Staates abdecken soll. **Die Summe muss also (ungefähr) gleich der Summe der bisherigen Sozialabgaben sein.**

Die Auswirkung auf die Preise ist unterschiedlich: Arbeitsintensive Produkte und Dienstleistungen werden billiger. Auslandsimporte aus Billiglohnländern werden verteuert. Das durchschnittliche Preisniveau steigt an. Für alle Beschäftigten wird das durch Wegfall der Sozialabgaben ausgeglichen. Brutto gleich netto!

Das ist vor allem ein Vorteil für diejenigen, die jetzt die Gesamtlast des Sozialstaates tragen. Genau das ist gewollt.

Der Staat, Behörden und Kommunen zahlen an Angestellte und Beamte einfach den Nettolohn aus und haben mit der Sozialen Quellensteuer nichts zu tun.

Sanfter Weg in die neo-soziale Welt

Eine Panik bei der Einführung wird verhindert, indem man zunächst eine niedrige Soziale Quellensteuer von **1%** oder **2%** ansetzt und den erforderlichen Rest für den Sozialetat mit den Sozialabgaben deckt, die dann um etwa 2% - 4% reduziert werden. Im Groben gilt: 1% Soziale Quellensteuer entspricht 2% Reduktion bei den Sozialabgaben.

Um es genauer zu berechnen, müsste man erst festlegen, auf welche Dienstleistungen die SQ fällig wird. Es ist z.B. nicht sinnvoll, die Honorare von Ärzten, auf die keine MWSt fällig ist, auch von der Sozialen Quellensteuer auszunehmen, weil sie auch Personal beschäftigen.

Wenn das System reibungslos funktioniert und die ersten Erfolge zeigt, vornehmlich Verbilligung der menschlichen Arbeitskraft, dann wird die Soziale Quellensteuer erhöht und die Sozialabgaben werden bis auf die Hälfte verringert. Arbeitsintensive Branchen können ihre Produkte verbilligen oder mehr Personal einstellen.

Für **Billigimporteure** oder Firmen, die nur noch Roboter und Computer betreiben, ändert sich fast nichts. Ihre Produkte oder Dienstleistungen werden durch die fällige SQ um bis zu 10% teurer. Unsoziale Teile der Wirtschaft subventionieren automatisch die sozialeren Teile der Wirtschaft.

Die Einführung der Sozialen Quellensteuer ist auch eine Maßnahme, die auf mehrfache Weise der Umverteilung von unten nach oben entgegen steuert.

Das Modell und seine Konsequenzen

Das Modell der Sozialen Quellensteuer ist äußerst flexibel im Gegensatz zu dem seit Jahrzehnten erstarrten Schema, nach dem die Sozialabgaben berechnet werden. Es ist ein Unding, dass so viele Einkommen am Sozialstaat nicht beteiligt sind, obwohl alle, die hier leben, davon einen Nutzen haben. Sogar die Wiedervereinigung wurde unter CDU-Kanzler Kohl mit Sozialabgaben finanziert!

Zu den Nutznießern des Sozialstaates ohne eigene Beteiligung gehören z.B. Hausbesitzer, denen die Kommunen die Miete für sozial Schwache zahlen und ebenso niedergelassene Ärzte, von denen die meisten, dank der großzügigen Krankenkassen, weit überdurchschnittlich gut verdienen, die keine sozialen Lasten tragen, ihre Angestellten aber wohl. Ärztinnen gelten trotzdem so als soziale Wohltäter. Das ist so, als wenn Beamte und Angestellte im öffentlichen Dienst keine Steuern zahlen müssten. Gesund ist das nicht!

Schlusswort:
Hört auf mit dem Wahnsinn!

Wovor haben die Menschen am meisten Angst?
Vor Geldmangel und einer Senkung des Lebensstandards?
Vor Kälte, Missachtung und Liebesentzug?
Vor einem Ausfall des Kommunikationsnetzes?
Vor Armut? Krankheit? Tod?
Vor Einsamkeit und Langeweile?
Vor einer Revolution? Vor Terror? Vor Krieg?

Diejenigen, die am wenigsten Angst haben, haben am meisten Angst vor Krieg. Und doch gibt es Menschen, die Krieg mögen, weil sie heimlich davon träumen, dass einmal alle Regeln der Vernunft, die Gesetze und Rücksichtnahmen, alle Verbote von Gewalt, Egoismus und Größenwahn, dass all diese Hemmnisse ausgeschaltet werden und es so richtig los geht, dass ihre Aggressionen sich austoben können.

Dann werden diejenigen, die stark genug sind und als erste losschlagen, andere erledigen und zwar mit allen Mitteln: Schusswaffen, Bomben, Raketen, Drohnen, Gift, Aushungern und notfalls Erwürgen. Das ist Krieg, so wie er den Menschen heilig ist. Seit tausenden von Jahren.

Heilige Kriege sind die beliebtesten. Für Gott, Volk und Religion, gegen andere Götter, Völker und andere Religionen. Für das Gute und für die westlichen Werte. Gegen den Terror.

Lockdown für Hass und Rüstung

Immer mehr Menschen haben nicht nur Angst vor Krieg, sie sind total dagegen, sie verabscheuen Krieg und alle Dinge die damit zusammen hängen. Wer konsequent ist, ist gegen Rüstung und Waffenproduktion, gegen Feindbilder und Kriegshetze, gegen Russenhass und Islamfeindlichkeit, gegen Sanktionen und den Rüstungsetat der NATO und gegen Staaten samt Politikern, die das alles befürworten oder dulden oder geschehen lassen.

Krieg wird nicht von Einzelnen geführt, sondern von Staaten. An der Spitze dieser Staaten stehen dann ein paar Leute, die sich von allen Fesseln der Vernunft und der Moral befreit haben, die ihr Ego anderen aufzuzwingen, am besten, indem man sie mundtot oder tot macht. **Egomanie** ist die Grundlage für Krieg und wenn Krieg nicht möglich ist, dann suchen die Größenwahnsinnigen nach anderen Geschäftsfeldern.

Das Internet hat das Spektrum des Wahnsinns erweitert. Da kann mancher verrückt werden, ohne dass jemand es merkt, außer die engsten Freunde, die genau so drauf sind. Im Internet können Phantasien sich austoben, ohne dass überhaupt jemand die Identität der Wahnsinnigen feststellt.

Es gibt auch eine realistische Möglichkeit, den Größenwahn auszuleben, wenn kein Krieg stattfindet. Man kann alle anderen übertrumpfen und viele andere platt machen und vernichten mit **viel Geld für noch mehr Geld**.

Geld ist eine universelle Waffe, andere zu übertreffen, zu beuteln und zu unterwerfen. Das war nicht immer so, aber es hat sich über viele Jahre so entwickelt bis zur totalen **Übermacht**. Geld ist jetzt das größte Ding, um über andere, auch über Staaten zu herrschen.

Geld ist wie Gott, sogar besser als ein Gott, denn es ist gegen alles eintauschbar, auch gegen Waffen. Geld ist ohne Moral und fast ohne Kontrolle. Es ist unsichtbar und sichtbar zugleich. Geld ist überall und schwappt um die ganze Welt bei Tag und bei Nacht. Geld ist idealer Stoff für den Größenwahn. Nur durch demokratische Kontrolle kann man Geld und Krieg und den Wahnsinn stoppen.

Auf jeder Ebene konsequent handeln

Wenn Urwälder am Amazonas abgebrannt werden, wenn deutsche Autofirmen den Betrug in ihre Software einprogrammieren, wenn Frauen in Bangladesch in Fabrikbauten umkommen, dann geschieht das alles, weil irgendwo jemand noch mehr Geld verdienen will. Geldverdienen ist ein selbstverständliches Ziel für Dinge, die Menschen, wenn es nicht für Geld wäre, nicht tun würden und die sie für ein normales Leben nicht tun müssen.

Billige Mode, die schnell weggeworfen wird, überflüssige Süßigkeiten, überdimensionierte Autos, eine Flut von Plakaten, Inseraten, Spam-Mails, Online-Angebote, raffinierte Verpackungen, die als Plastik-Müll in den Meeren landen, alles geschieht, um Umsätze zu steigern und den Gewinn zu maximieren. Es besteht kein Zweifel, dass Geld das Ziel ist.

Auf der anderen Seite gibt es große Probleme, das angehäufte Geld wieder auszugeben und gewinnbringend anzulegen. Rentensysteme und Versicherungen brechen ein, weil die Zinsen auf Null sind. Private Firmen operieren mit Geldsummen, die das Budget einer Nation übertreffen, während fast alle Staaten tief in Schulden versinken. Sie sollen Verdienstausfälle ausgleichen und Impfstoffe beschaffen, verbunden mit hohen Gewinnen für die Pharmaindustrie und auf dem Aktienmarkt.

Die Börse steigt in der Krise, wie vor der Krise und wahrscheinlich auch nach der Krise, ganz einfach, weil zu viel Geld da ist. Geld drängt auf den Markt, nicht mehr, um die Wirtschaft anzukurbeln, sondern um Wertpapiere zu kaufen, von denen ständig neue Modelle kreiert werden.

Das Geldsystem ist außer Kontrolle. Es wird immer verrückter. Demokratische Staaten und ihre

Bürger werden zu Verlierern gemacht. Dagegen müssen wir angehen. Die Regierungen wären dazu da, dem Treiben der Geldwirtschaft Grenzen zu setzen und das Spiel auf keinen Fall mitzuspielen.

Wir wollen, dass die von uns gewählten Vertreter unsere Interessen vertreten und nicht die der Finanzwelt. Wir müssen alles daran setzen, die Macht des Geldes zu brechen, weil es durch und durch ungerecht ist, absurd konstruiert und den Trend zum Größenwahn schon in sich hat.

Dass man Geld immer weiter zählen kann und immer mehr haben will und dass man Geld am besten mit Geld verdient. Das ist der explosive Kern des Problems.

Wer den Niedergang oder die Katastrophe verhindern will, muss mithelfen, zu bremsen und zu löschen, die Geldflut einzudämmen die Gier zu überwinden.

Die beste Lösung ist demokratische Kontrolle über Geld und Macht. Echte Demokratie und **offene Meinungsbildung** in den Medien, im Internet und **im uralten Format von Büchern**.

Das Buch ist ein Format,
das nicht nur Literatur,
sondern auch gepresste Blumen,
feuchte Flecken, Haferflocken und
bewegende Gedanken
überall hin transportieren kann.

Literatur

Thomas Piketty:
Das Kapital im 21. Jahrhundert

Rainer Mausfeld:
Warum schweigen die Lämmer?

Hans Herbert von Arnim:
Das System / Die Machenschaften der Macht

Michael Hudson:
Der Sektor

Ernst Wolff:
Finanz-Tsunami

Hans-Peter Martin, Harald Schumann:
Die Globalisierungsfalle

Heinz-Josef Bontrup:
Arbeit, Kapital und Staat

Peter H. Grassmann
Zähmt die Wirtschaft

Rob Kenius:
Leben im Geldüberfluss, Überleben im Überfluss,
Neustart mit Direkter Digitaler Demokratie

Danksagung

Mein Dank gilt den Leserinnen und Lesern, die es bis hier geschafft haben. Auch denen, welche diese Danksagung nicht lesen. Obwohl das Thema Geld ist, ist dieses Buch nicht für Geld geschrieben worden, sondern, um aufzuklären und Ideen zu vermitteln.

In früheren Jahren wäre jemand, der so etwas schreibt, das krass gegen die herrschende Religion oder Ideologie verstößt, von der Inquisition verfolgt worden. Heute wird man nicht mehr körperlich verfolgt.

Deshalb bin ich dankbar, in dieser Zeit zu leben. Es gibt zwar keinen Verlag und es gibt kaum Promotion meinerseits, nicht einmal in den sozialen Medien. Das Buch muss auf dem Wege von Empfehlungen bekannt werden und darum möchte ich alle bitten, die es mit Gewinn gelesen haben. Wir alle bilden **ein lebendiges Medium**, um Erkenntnis und Ideen weiter zu geben. Das ist der Weg der Demokratie.

Köln, im Mai 2021
Rob Kenius

Printed in Poland
by Amazon Fulfillment
Poland Sp. z o.o., Wrocław